Como Ensinar Adolescentes

Descubra a alegria
de trabalhar com eles

Lin Johnson

Tradução de Luciana Zibordi

Josilene

em 29/10/11

CPAD

Título do original em inglês: *Teaching Junior Highers*
Accent Publications, Colorado Springs, Colorado, EUA
Primeira edição em inglês: 1986

Tradução: Luciana Zibordi
Preparação dos originais: Luciana Alves
Revisão: Kleber Cruz
Projeto gráfico e editoração: Olga Rocha dos Santos

CDD: 268 - Educação Cristã
ISBN: 85-263-0556-5

As citações bíblicas foram extraídas da versão Almeida Revista e Corrigida, edição de 1995, da Sociedade Bíblica do Brasil, salvo indicação em contrário.

Todos os exemplos deste livro, exceto indicações em contrário, foram extraídos das seguintes fontes: corinhos de *Songs for Young Children* (Canções para crianças), versos de *Rhymes to Say and Do* (Versos para recitar e fazer), jogos de *Bible Learning Games for Preschoolers* (Jogos de aprendizagem bíblica para pré-escolares), histórias dos currículos bíblicos da Accent-On-Life para Jardim-de-Infância, publicados pela Accent Publications.

Para maiores informações sobre livros, revistas, periódicos e os últimos lançamentos da CPAD, visite nosso site: http://www.cpad.com.br

Casa Publicadora das Assembléias de Deus
Caixa Postal 331
20001-970, Rio de Janeiro, RJ, Brasil

9ª impressão-2011
Tiragem 300

*A todos os adolescentes das classes
de Escola Dominical e grupos de jovens
com quem tive o privilégio de trabalhar
e chamar de meus amigos.
Vocês enriqueceram a minha vida
de tantas formas que seria
impossível descrever.*

Prefácio

— Quem é você? — indagou a Lagarta.

Alice respondeu, timidamente:

— Neste momento, eu, eu não sei ao certo, senhor... pelo menos sei quem eu era quando acordei hoje de manhã, mas acho que devo ter mudado várias vezes desde então.

— O que você quer dizer com isso? — perguntou a Lagarta com rispidez. — Explique-se!

— Não posso explicar a mim mesma; tenho medo senhor, porque não sou eu mesma, entende?

— Não compreendo — disse a Lagarta.

— Receio não saber explicar com clareza, porque, antes de tudo, não consigo entender sozinha; ter vários tamanhos em um dia é muito confuso — respondeu Alice educadamente.

Esta citação de *Alice's Adventures in Wonderland* (Alice no País das Maravilhas) é uma descrição adequada dos adolescentes. Estão confusos sobre si mesmos e também sobre seus pais e adultos que trabalham com eles. Essa confusão leva muitos adultos a vê-los como problemas frustrantes a serem resolvidos e/ou uma espécie temível e pavorosa.

No entanto, adolescentes também são pessoas extraordinárias — tão extraordinárias, de fato, que você pode até vir a considerá-los como seu público preferido, como eu os considero. A chave principal que muda a postura do obreiro para essa última perspectiva é o conhecimento sobre os adolescentes e como ensinar-lhes com eficácia. Este livro espera ser esta chave para você.

Lin Jonhnson

Sumário

Parte Um

Entendendo os Adolescentes

1

Bem-vindo ao Mundo deles

Quais dos seguintes itens a seguir descrevem melhor um adolescente? Por quê?

- relógio (inclusive de pulso) às 7 horas
- bife com batatas fritas ou o lanche do McDonald's
- jardim florido e com muitos tipos de flores desabrochando
- sinal de trânsito no amarelo
- estrada sinuosa sem final visível
- ondas batendo em uma costa rochosa
- computador
- vulcão em erupção
- rosto de "chokito"
- vários jogadores de futebol disputando uma bola

Como talvez você já tenha percebido, não há respostas erradas para essa pergunta. Os adolescentes estão em uma idade tão incomparável e interessante que todas as descrições acima se ajustam a eles. Eles ingressaram em um mundo misterioso chamado adolescência.

Adolescência

Adolescência é um termo relativamente novo para essa fase da vida. A idéia popular e difundida de juventude não começou antes da Primeira Guerra Mundial. Foi resultado de três mudanças sociais na América: leis da educação que ordenaram que as crianças freqüentassem a escola até uma certa idade, leis sobre o trabalho infantil que impediam o trabalho de adolescentes em tempo integral e leis sobre a delinqüência juvenil, que distinguiram adolescentes de adultos.

Antes dessas mudanças em nossa sociedade, a adolescência não existia, assim como não existe em muitas culturas ainda hoje. As crianças iam diretamente para a idade adulta quando entravam na puberdade.

INFÂNCIA	IDADE ADULTA

Puberdade

O fenômeno sociológico que temos na cultura brasileira pode ser esboçado assim:

INFÂNCIA	ADOLESCÊNCIA	VIDA ADULTA
Dependência	Transição Idade entre 12/21 e 24 anos	Independência

Como as pessoas passam mais tempo em cursos de graduação e/ou ficam em casa por mais alguns anos, principalmente em razão de fatores econômicos, esse período de transição chamado de adolescência é esticado. Alguns sociólogos modernos estabelecem a idade de trinta anos como o limite dessa fase da vida.

Apesar dos limites de idade maiores estabelecidos para a adolescência, os adolescentes entre 12 e 13 anos de idade são reconhecidos como iniciantes desse período. Tornam-se pessoas em formação em um ambiente cercado de crianças e adultos.

Tempo de Mudança. Algumas das principais mudanças da vida acontecem na adolescência. Por exemplo, o sistema reprodutivo de um adolescente se torna ativo; ele cresce fisicamente para alcançar a forma física de adulto (não incluindo ganhos de "largura"); adquire habilidade para pensar abstratamente; transfere a lealdade antes devotada aos pais para os colegas; desenvolve sua própria identidade e sua fé em Deus torna-se muito pessoal. Todos os aspectos de seu ser são afetados pela mudança. Essas mudanças começam a surgir no início da adolescência.

Tempo de Dificuldade. Todas as mudanças experimentadas pelos adolescentes fazem dessa fase da vida a mais difícil. As dificuldades se devem ao fato de que não são nem adultos, nem crianças. Quando lembro-me da minha adolescência, sou grata porque não mais passarei por ela! Um adolescente comentou: "É difícil ser adolescente, pois todo o mundo parece saber o que preciso e quero mais do que eu" (Carl A. Elder, *Youth and Values: Getting Self Together* [Juventude e Valores: Entrando em Acordo], 1978, p. 31).

Tempo de Definições sobre Si mesmo. Os adolescentes são pessoas em transição — não são mais crianças, mas também não são completamente adultos. Então, contendem com a pergunta: Quem sou eu? Estão tentando desenvolver suas próprias identidades, a fim de se tornarem pessoas distintas de seus pais.

Tempo de Independência. Intimamente ligado à busca da identidade, encontra-se o ímpeto para adquirir independência. Deixando a dependência total da infância, preparam-se para serem adultos independentes. No entanto, com freqüência querem ter mais independência do que estão preparados para receber.

Tempo de Cultura Diferente. Os adolescentes tornam-se uma subcultura em nossa sociedade, quando empreendimentos comerciais reconhecem seu potencial de consumo. Cada geração nova de adolescentes tem sua própria música, roupas, língua, etc., criando uma divergência cultural entre adolescentes e adultos.

Tempo de Similaridade. Cada nova geração difere da anterior, mas algumas coisas nunca mudam, como indica a citação a seguir, em que o autor fala sobre a juventude de sua época:

> Todos os seus erros consistem em fazer as coisas excessiva e veementemente. Desobedecem os preceitos de Chilon, exagerando em tudo; amam demais e odeiam demais, e são assim em tudo. Pensam que sabem tudo e estão sempre certos disso; esta é, de fato, a razão por que exageram em tudo.

Essas palavras poderiam descrever facilmente a geração de adolescentes do presente. Entretanto, foram escritas por Aristóteles, um filósofo grego, em 4 a.C. (*Rhetoric*, Livro II, *The Complete Works of Aristotle* [Retórica, em Obras Completas de Aristóteles], vol. 2, ed. por Jonathan Barnes, 1984, p. 2214).

Influências Culturais

Além de pertenceram a uma subcultura com características próprias, adolescentes são grandemente influenciados pela cultura adulta que os cerca. Algumas das maiores influências de ambos os lados estão descritas nesta seção.

Influências Filosóficas. Os jovens adolescentes herdaram na íntegra o pensamento egocêntrico da sociedade. A filosofia predominante é primeiro eu, em segundo lugar, eu e em terceiro também. Christopher Lasch denominou esse pensamento como a cultura do narcisismo. Assim, Lash descreve a situação:

> Viver para o momento é a paixão predominante — viver para si mesmo, não para seus antepassados ou para a posteridade...
>
> O narcisismo surge realisticamente para representar a melhor maneira de enfrentar as tensões e ansiedades da vida moderna; e as condições sociais dominantes, por essa razão, tendem a trazer traços narcisistas que estão presentes, em diferentes graus, em todos. Essas condições também transformaram a família, que, por sua vez, molda a estrutura básica da personalidade. Uma sociedade que receia não ter futuro provavelmente não dará muita atenção às necessidades da próxima geração; a sensação contínua de estar no presente — influência maligna da nossa sociedade — cai como um efeito particularmente devastador sobre a família.
>
> O esforço dos pais modernos de fazer os filhos se sentirem amados e queridos não esconde uma frieza obscura — a distância daqueles que têm pouco a transmitir para a próxima geração, e que, em qualquer caso, dão prioridade ao direito à própria satisfação. A combinação de desinteresse emocional com esforços para convencer os filhos de sua posição favorecida na família é uma boa receita para a estrutura de uma personalidade narcisista (*The Culture of Narcissism* [A Cultura do Narcisismo], 1979, pp. 5,50).

Ao se colocarem em primeiro lugar, os adolescentes tendem a pensar nesses termos: "O que eu poderia ganhar com a situação?", em vez de, "Como posso colaborar?" Assim como muitos adultos, eles podem dizer: "Eu não ganho nada com os trabalhos da igreja", e rotular Deus e sua igreja de enfadonhos.

Os adolescentes com uma atitude egocêntrica não entendem as palavras *não* e *esperar*. Desejam que as pessoas realizem seus desejos, o que revela uma expectativa usualmente moldada pelos pais com a mesma atitude. Vivem para o hoje; o *agora* é tudo o que importa. O passado é obsoleto e o futuro é muito incerto; então, tudo o que eles têm é o presente.

Jovens adolescentes também herdaram uma filosofia hedonista: se algo dá prazer, então faça. A motivação é fomentada pelo prazer. Suas vidas são controladas mais por sentimentos do que por regras, incluindo os mandamentos de Deus e os princípios ensinados pela Bíblia. Os adolescentes são condicionados a dar valor às regras através das experiências. Conseqüentemente, precisam ter experiência de forma pessoal com Cristo e com o cristianismo.

Intimamente ligado a essa orientação sobre o prazer, encontra-se o relativismo da sociedade. O homem moderno — e os adolescentes — inclina-se a viver como se não houvesse valores absolutos. Todos têm suas próprias regras, e os valores de uma pessoa são tão bons quanto os de outra.

Os adolescentes de hoje também fazem parte de uma geração negativista, principalmente porque vivem em um mundo de mudanças e de problemas globais. Os adultos não têm sido capazes de resolver as crises como problemas de energia, fome, terrorismo, comunismo e a ameaça de guerra nuclear. Como conseqüência, nossos jovens alunos vivem em um mundo cheio de perguntas sem respostas.

Ciência e Tecnologia. Além das filosofias predominantes de nossos dias, as velozes mudanças da tecnologia também influenciam os adolescentes. Os computadores, por exemplo, modificaram nossas vidas de maneiras incontáveis, acelerando a transformação de uma sociedade industrial para uma sociedade de informação. Estão oferecendo novas formas à educação e se tornando rapidamente necessidades domésticas. Os jovens adolescentes vão concluir o Ensino Médio em uma época que o conhecimento da informática é considerado uma das bases de uma boa educação, junto com História e Inglês.

Na obra *Future Shock* (O Choque do Futuro), Alvin Toffler cita a estatística do Dr. Robert Hilliard, da Comissão Federal de Comunicações, referente aos jovens adolescentes de hoje e ao rápido compasso do conhecimento:

> De acordo com a proporção em que o conhecimento está crescendo, quando uma criança nascida hoje se formar na universidade, o total de conhecimento no mundo será quatro vezes maior. Quando a mesma criança tiver cinqüenta anos, será trinta e duas vezes maior; 97% de tudo o que se conhece no mundo terá sido adquirido desde o seu nascimento (1970, p. 141).

Juntamente com todo aquele conhecimento, o que os seus adolescentes saberão sobre Deus e a vida que Ele deseja para eles? Serão capazes de conciliar as duas coisas?

Avanços na medicina reduzem doenças e prolongam vidas. Transplantes e órgãos artificiais, por exemplo, estão se tornando comuns. Os progressos na área médica, contudo, abriram uma caixa de Pandora relativamente às questões éticas, com as quais os adolescentes precisam estar preparados para lidar.

Há problemas que eles já enfrentam, por exemplo, o ensino da evolução como um fato no sistema escolar público e a resultante desumanização do homem. Precisam saber como Deus se enquadra nessas áreas.

Como conseqüência de todas as mudanças na tecnologia e na ciência, o passado fica ainda mais distante e o futuro torna-se remoto e incerto, produzindo estresse e insegurança. Para os adolescentes, isso pode acarretar depressão e até mesmo suicídio.

Instabilidade da Família. Provavelmente, os adolescentes de hoje não têm o mesmo conceito de família que você.

> Muitos de nós cresceram ou foram criados em uma típica e nuclear família americana: o pai era o provedor, a mãe cuidava da casa e dos filhos, que geralmente eram dois. Mas hoje nada se assemelha à família típica. E apenas uma minoria distinta (7%) da população americana se encaixa no perfil de família tradicional.
>
> A família de hoje pode ser formada pelo pai ou mãe solteiros com um ou mais filhos; pelo casal sem filhos, cujos consortes têm a sua própria carreira; pela mulher provedora do lar, com um filho e um

> marido "dono de casa"; ou pela família mesclada, constituída por pessoas que já foram casadas e pelos filhos dos casamentos anteriores de ambos (John Naisbitt, *Megatrends* [Grandes Tendências], 1984, p. 261).

Na próxima década, metade de todos os adolescentes virão de lares em que houve divórcio e segundas núpcias; as famílias mescladas serão a regra no século vindouro ("When 'Family' Will Have a New Definition" [Quando a Família Tiver uma Nova Definição]. U.S. *News and World Report*, 9 de maio de 1983, p. A4). Os adolescentes são os que mais sofrem com o divórcio e o novo casamento de seus pais. Precisam de estabilidade em casa para contrabalançar todas as mudanças em seu desenvolvimento físico, mental, emocional e social. Sem estabilidade, sofrem a falta de auto-estima, de valor e de amor. Jovens adolescentes se sentem rejeitados pelo pai ou mãe que vai embora. Ouvem que sua adolescência é normal, desde que tenham mais responsabilidades em casa e ajudem com os irmãos mais novos. Quando seus pais casam de novo, sentem-se duplamente rejeitados. Os adolescentes vindos de lares desfeitos pelo divórcio, comumente, tornam-se mais rudes em seu exterior para encobrir feridas emocionais do interior. Podem se culpar pelo divórcio e se sentir tão responsáveis que o suicídio torna-se a única opção viável em seu pensamento limitado.

Relação Pais-Adolescente. A falta de sintonia entre as gerações é fortemente superestimada pelos adolescentes. Em um estudo feito em 1984, com aproximadamente 8.000 adolescentes de igrejas associadas, o valor classificado em primeiro lugar (dentre 24 itens) foi "vida feliz em família"; os pais também foram colocados em primeiro lugar (dentre 16 itens). Em quinto lugar da pesquisa, foi escolhido o item "deixar os pais orgulhosos".

Apesar do esforço normal dos adolescentes em conquistar independência, os pais ainda continuam sendo a influência mais importante em suas vidas:

> Pensamos que adolescentes tornam-se ou querem ser independentes de seus pais. Não obstante, seja verdadeira a assertiva de que os colegas exerçam mais influência do que os pais entre a 5ª e a 9ª séries*, achamos que em nenhum momento a influência dos amigos tenha mais valor do que a dos pais. Quando questionados onde buscariam ajuda e orientação sobre vários assuntos, os adolescentes disseram, em todos os casos, que procurariam os pais em vez dos colegas. E, conforme demonstrado no item sobre valores, "deixar os pais orgulhosos de mim" tem mais valor do que manter amizades (Search Institute, Young Adolescents and their Parents [Jovens Adolescentes e seus Pais], Sumário de Resultados, 1984, p. 44).

Há uma tensão, contudo, entre o controle que os pais querem exercer sobre seus adolescentes e a liberdade desejada por estes. Então, haverá conflitos. Mas é encorajador saber que adolescentes e pais valorizam grandemente um ao outro.

Ética Sexual. Os adolescentes sofrem muito mais pressões no campo sexual do que seus pais enfrentaram. Vivem numa sociedade em que a mídia usa o sexo para vender de tudo e exalta o sexo fora do casamento. A regra bíblica de esperar até o casamento é um tema perdido. Além dessa pressão, seu relógio biológico não coincide com a nossa cultura de retardar o casamento até, pelo menos, o término do Ensino Médio, na maioria dos casos.

Embora entrem na puberdade com acompanhamento sexual, uma quantidade significativa de adolescentes experimentam relações sexuais. O estudo do Search Institute (Instituto de Pesquisa), citado anteriormente, descobriu que 20% de todos os jovens adolescentes já tiveram relações sexuais (p. 14 da pesquisa). A gravidez na adolescência, até mesmo entre a faixa de 12 e 13 anos, está em alta.

Um problema pouco abordado é o abuso de adolescentes. Apesar de não haver números confiáveis a respeito, "especialistas citam estudos indicando que 25% de toda a população feminina e 20% da população masculina do país foram molestados sexualmente com a idade aproximada de 16 anos" (Randy Frame, "Child Abuse: The Church's Best Kept Secret?" *Christianity Today* [Abuso de Criança: O Segredo mais bem Guardado da Igreja?], 15 de fevereiro, 1985, p. 33).

Uso de Drogas. O alcoolismo é um problema progressivo entre adolescentes. Na idade de 12 e 13 anos, aproximadamente, 85% deles experimentam álcool suficiente para embriagar-se pelo menos uma vez; 25% experimentaram maconha e cerca de 5% tiveram experiência com outras drogas. Segundo o Search Intitute, os números relativos aos adolescentes das igrejas são apenas levemente mais baixos.

Os adolescentes estão usando drogas, inclusive o álcool, por uma série de razões. Alguns experimentam por curiosidade, para ter prazer ou pela pressão dos amigos. Outros usam para aumentar sua auto-estima, ou fugir de problemas ou situações infelizes em casa ou na escola. Embora o uso de drogas entre adolescentes venha caindo, o hábito de ingerir bebidas alcoólicas tem aumentado, principalmente em razão de sua larga aceitação social; o álcool faz parte do estilo brasileiro de vida. De igual forma, a mídia também tem influenciado fortemente os jovens adolescentes, imitadores por natureza, a beber, associando cerveja a esportes em comerciais e apresentando muitas personalidades da televisão como pessoas que bebem socialmente.

Suicídio. O suicídio é também a segunda ou a terceira causa principal de morte entre adolescentes, dependendo da fonte que você consulta. Não obstante, essa classificação tem se tornado uma epidemia, crescendo 300% nas últimas duas décadas entre os jovens do Ensino Médio e da universidade. Os adolescentes e até mesmo crianças pequenas estão tentando e conseguindo se suicidar em proporções alarmantes.

Por que adolescentes querem se matar? O motivo número um é a idéia de que não são amados; sentem-se rejeitados pelas pessoas importantes de suas vidas — pais, colegas, professores. Problemas em casa ou na escola, expectativas muito altas dos pais em relação aos filhos e pais divorciados podem mergulhar os adolescentes em depressão permanente, o que leva à tentativa de suicídio.

Mídia de Massa. Os adolescentes são pajeados, entretidos e hipnotizados pela televisão. O tempo que despenderam assistindo TV é maior do que aquele que será empregado na escola até a faculdade; no entanto, a maioria das coisas a que assistem diverge e escarnece dos preceitos e valores bíblicos. O mesmo cardápio se difunde na indústria dos filmes, livros e revistas.

No campo da música, os valores e atitudes dos adolescentes são moldados pelas letras de músicas obscenas, que exaltam o sexo, a perversão, a violência, as drogas e o ocultismo.

Além das influências predominantemente negativas, a publicidade visa ensiná-los a serem materialistas e avarentos.

Desafio aos Professores

Como os adolescentes de hoje enfrentam pressões inacreditáveis, precisam e desejam que os adultos os ouçam e os levem a Deus, que é especialista em situações impossíveis. Uma dessas pessoas importantes pode ser você. O restante deste livro o ajudará a entendê-los melhor e a trabalhar com eles de uma maneira eficaz. Você está pronto?

Avaliação

1. Os adolescentes estão experimentando diversas mudanças difíceis em suas vidas. V – F
2. Os adolescentes querem ser mais dependentes dos adultos do que eram quando crianças. V – F
3. Assim como os adultos ao seu redor, os adolescentes tendem a se colocar sempre em primeiro lugar. V – F
4. Geralmente, os adolescentes não são influenciados pela busca do prazer e regras relativas. V – F
5. Os adolescentes têm dificuldade em lidar com estruturas familiares, divórcio e novo casamento de seus pais. V – F
6. Os pais são a influência mais importante na vida do adolescente. V – F
7. Pouquíssimos adolescentes já tiveram relações sexuais. V – F
8. O suicídio tem atingido proporções epidêmicas mesmo entre os adolescentes mais jovens. V – F

Respostas: 1. V; 2. F; 3. V; 4. F; 5. V; 6. V; 7. F; 8. V.

* N. do T.: No sistema educacional norte-americano, a escola secundária (*Secondary School)* abrange as seguintes divisões: *Junior High* (7ª e 8ª séries), com alunos de 12 e 13 anos, e *High School* (das 9ª a 12ª séries), com alunos entre 14 e 17 anos.

2

Desenvolvimento Físico

Quando observamos as misteriosas mudanças físicas que transformam crianças em adultos, o "modo terrível e tão maravilhoso [como] fui formado" de Salmos 139.14, ficamos impressionados.

Puberdade

Costuma-se dizer que o início da adolescência se dá com a puberdade. O termo traduz as mudanças físicas que resultam em maturidade reprodutiva. Em nossa sociedade, ela começa aproximadamente aos 12 anos, embora essa idade possa variar. A mudança física é ativada por uma parte do cérebro chamada hipotálamo que, seguindo instruções de genes ultramicroscópicos, dá o sinal para a glândula pituitária secretar hormônios. Esses hormônios fazem as outras glândulas, incluindo a tireóide, a supra-renal e as gônadas, produzirem hormônios que estimulam o crescimento do corpo e o desenvolvimento de características de adulto (Kurt W. Fisher, Arlyne Lazerson, *Human Development* [O Desenvolvimento Humano], 1984, p. 564).

Com o amadurecimento dos órgãos sexuais, os adolescentes tornam-se aptos para a reprodução, sendo que as meninas atingem esse estágio de desenvolvimento um ou dois anos, aproximadamente, antes dos meninos. Essa maturidade vem acompanhada por impulsos sexuais, que moralmente não podem ser satisfeitos.

Para as meninas, a puberdade é marcada pelo início da menstruação, que provavelmente será irregular por um ou dois anos. Os seios crescem, surgem pêlos no corpo e os quadris tornam-se mais largos.

É mais difícil assinalar o começo da puberdade para os meninos, mas a ejaculação e os pêlos pubianos geralmente são identificados como indicadores. Durante esse tempo, os testículos aumentam gradualmente e o pênis se alonga. Os meninos podem ficar constrangidos com ereções nos momentos mais inoportunos. Em virtude do aumento de suas cordas vocais, eles também passam por mudanças de voz. Sons agudos e falhas na voz acontecem com freqüência.

Crescimento Acelerado

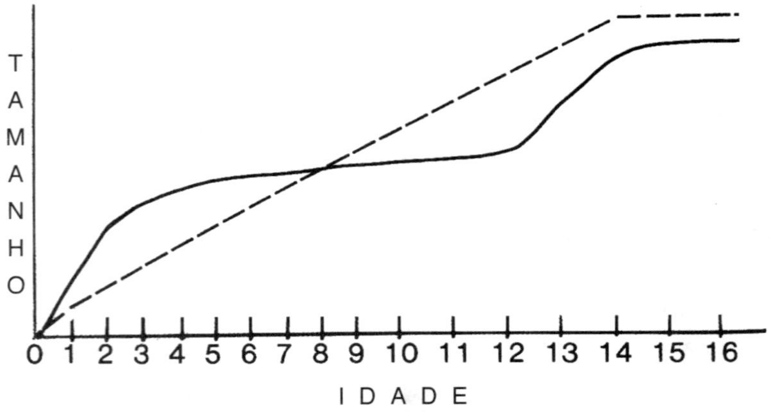

Dr. Perry Downs, Escola de Divindade Evangélica da Trindade, Deerfield, IL. Inédito. Usado com permissão.

O início da adolescência também se caracteriza pelo crescimento acelerado, começando mais cedo para as meninas do que para os meninos, e em diferentes momentos para todos. Costumamos observar o crescimento físico como a linha pontilhada no gráfico na página anterior — uniforme e constante até que o indivíduo atinja, na adolescência, a estatura de adulto. Entretanto, na verdade, há dois crescimentos acelerados principais: o primeiro, durante os primeiros dois anos da vida, e o segundo, no início da adolescência, como representado pela outra linha no gráfico.

Durante o segundo crescimento rápido, os adolescentes ficam mais altos, mais pesados e mais fortes. O crescimento físico, contudo, é muito irregular. Ossos e músculos não crescem de forma igual e nem ao mesmo tempo. Os adolescentes crescem de 7,5 a 15 centímetros em um ano e ganham 35% de peso. Com freqüência, as meninas desenvolvem uma postura desalinhada para tentar esconder sua estatura muito alta, com o intuito de não ficarem em evidência quando comparadas aos meninos e até mesmo à outras garotas. Ainda posso ouvir minha mãe dizendo para levantar-me e sentar direito, quando, na verdade, eu desejava esconder o fato de que era alta demais.

O coração fica 50% maior e quase dobra de peso. Em razão do conseqüente aumento do fluxo sangüíneo, eles têm maior resistência às doenças contagiosas, exceto gripes e problemas respiratórios. O desenvolvimento e mudança das glândulas acabam trazendo complexos — talvez a maior desgraça para os adolescentes — fazendo com que se sintam feios e inferiores.

Uma vez que o crescimento físico é irregular, com os músculos grandes se desenvolvendo antes dos menores e os membros, mãos e pés crescendo mais rápido do que o resto do corpo, os adolescentes tendem a perder a coordenação. Um garoto pode ter 1,60m de altura com medidas de um rapaz de 2 metros, por exemplo. Meninos altos podem ser tidos como jogadores de basquete, mas talvez não sejam capazes de correr pela quadra sem tropeçar. É comum adolescentes escorregarem no desenho do piso de cerâmica e derrubarem as bebidas na mesa do jantar, assim como as crianças, para a sua tristeza e constrangimento.

Apetite Enorme

Um dos resultados desse crescimento rápido é um apetite imenso. Além do fato de seus estômagos serem maiores e capazes de conter mais alimento, os adolescentes precisam de mais energia para crescer. Tornam-se sacos sem fundo. Quando adolescente, eu era capaz de comer mais que meu pai em qualquer refeição — para sua surpresa — e voltar à cozinha para um lanche meia hora depois. Agora que sou adulta e vejo adolescentes comendo, ainda fico impressionada com as garotas da minha classe. As meninas, de 1,60 metro de altura e 40 quilos, aproximadamente, são capazes de ingerir dois ou três hambúrgueres a mais do que qualquer um no piquenique e, após duas horas, comer mais comida. E aquelas garotas nunca ficam acima do peso!

Energia e Cansaço

Outra conseqüência importante do crescimento acelerado é a alternância de períodos de energia e cansaço. Às vezes, adolescentes estão explodindo de disposição e não conseguem ficar sentados por dois minutos. Outras vezes, estão tão cansados que não conseguem fazer nada, mesmo após uma noite de dez a doze horas de sono. Não é incomum que essas alternâncias entre energia e cansaço aconteçam dentro de uma ou duas horas. Tenho visto meus alunos adolescentes andarem por uma hora, sem parar, em uma reunião social e, logo depois, os ouço reclamando que estão exaustos. No entanto, após quinze ou trinta minutos, estão ativos novamente e o ciclo se repete.

Assim como os bebês, eles dormem e comem muito, pois tanto crescimento requer bastante energia e pode deixá-los esgotados. Apesar de serem mais velhos, necessitam de mais tempo de sono do que precisavam quando menores. Podem parecer preguiçosos, mas, na verdade, sua resistência está baixa.

Preocupados com a Aparência

Todas as mudanças do corpo deixam o adolescente consciente de sua aparência, especialmente em comparação a outros adolescentes ao seu redor. Preocupam-se se o seu desenvolvimento é anormal e se estão crescendo muito rápido ou muito devagar. E se preocupam como serão quando estiverem no Ensino Médio ou se tornarem adultos. Também incomoda o fato de começarem a se desenvolver mais cedo ou mais tarde; todos desejam estar no mesmo estágio de crescimento.

No lado positivo, esse novo interesse em seus corpos normalmente desperta o desejo de melhor se arrumar. As meninas passam um bom tempo na frente do espelho; começam a usar cosméticos e, com freqüência, acabam exagerando. De repente, os meninos decidem que devem manter os cabelos penteados e as camisetas dobradas. Ambos tomam banho e lavam os cabelos, sem que ninguém precise mandar.

Sobrevivendo às Mudanças

Os adolescentes precisam que pessoas sensíveis às mudanças físicas experimentadas por eles os aceitem assim como são. Pessoas que se abstenham de provocá-los, de rir de sua maneira desajeitada e de chamar a atenção para as características físicas. Pessoas que orem e os elogiem pelas atividades que lhes foram confiadas, por suas atitudes condizentes com a Bíblia, habilidades mecânicas e talento para cozinhar. Isso aumentará sua auto-estima.

Assegure aos adolescentes que as mudanças ocorridas em seus corpos e as diferenças no desenvolvimento físico entre os membros da turma são normais. Estão passando por um processo que ainda não terminou. Vão crescer e parar de crescer; apenas precisam dar tempo aos seus corpos. Há esperança!

Em vez de esperar que adolescentes permaneçam sentados de 45 a 60 minutos — isso é fisicamente impossível para eles —, planeje envolvê-los na Escola Dominical. Várias atividades com opção de movimento vão ajudá-los a aprender melhor do que uma longa aula expositiva. (Veja os capítulos 10 e 11 a respeito de sugestões de métodos.)

Considerando que meninos e meninas não amadurecem ao mesmo tempo, pode ser vantajoso para você separar as classes da Escola Dominical por sexo. Ambos se sentirão mais à vontade. Como os garotos não sabem se sua voz soará normal ou aguda como a de uma garota, podem se sentir tímidos para falar durante a aula se as meninas estiverem na mesma classe. Os professores obtêm uma colaboração maior de seus alunos, tanto meninos quanto meninas, quando as classes são separadas.

Se houver espaço suficiente e professores disponíveis, é ainda melhor ter quatro ou seis classes, separadas por sexo e série escolar, de modo que haja grande diferença em maturidade entre os alunos de uma série e de outra. Em reuniões sociais, prefira as brincadeiras em grupo, que não requeiram habilidades físicas, às individuais, que chamem a atenção para o modo desajeitado do adolescente. Reserve também um tempo para o descanso.

Ensine seus alunos que seus corpos são a habitação do Espírito Santo: "Ou não sabeis que o nosso corpo é o templo do Espírito Santo, que habita em vós, proveniente de Deus, e que não sois de vós mesmos? Porque fostes comprados por bom preço, glorificai, pois, a Deus no vosso corpo e no vosso espírito, os quais pertencem a Deus" (1 Co 6.19,20). Como tal, não devem servir-se de seus corpos para o pecado e fazer mau uso deles. Saiba que não é cedo demais para ensinar aos jovens adolescentes as regras da Bíblia sobre conduta sexual. Estimule os alunos a cuidarem de seus corpos: dormindo bastante, optando por uma dieta balanceada em vez de comida "fast food" e aprendendo a se adornar.

Seja cuidadoso para não contradizer o que ensina ao programar eventos demorados na escola ou nos sábados à noite, ou ao planejar refeições e lanches sem a nutrição adequada. Você deve demonstrar uma postura adequada com respeito ao corpo que Deus lhe deu.

Por último, reassegure aos alunos que Deus os ama, independentemente de sua aparência. Deus se preocupa mais com seus corpos do que eles mesmos. Isto porque Ele os criou e também planejou as mudanças pelas quais estão passando. Então, Deus vai ajudá-los a enfrentar essas mudanças.

Avaliação

1. Meninos se desenvolvem fisicamente mais cedo que as meninas. V – F
2. Os adolescentes têm que lutar contra os impulsos sexuais. V – F
3. O crescimento físico é uniforme e constante para os adolescentes. V – F
4. O adolescente precisa comer e dormir mais do que o adulto. V – F
5. Com freqüência, adolescentes ficam sem energia. V – F
6. O modo desajeitado é uma característica normal do adolescente. V – F
7. A maioria dos adolescentes não se importa com sua aparência. V – F
8. O aluno adolescente não tem problemas em ficar sentado ouvindo uma exposição de uma hora. V – F
9. Brincadeiras em grupo voltadas para adolescentes não devem envolver habilidades individuais. V – F

Respostas: 1. F; 2. V; 3. F; 4. V; 5. V; 6. V; 7. F; 8. F; 9. V.

3

Desenvolvimento Intelectual

"Por que o governo não dá trabalho às pessoas, em vez de pagá-las para ficar em casa?"

"Como sabemos que o cristianismo é verdadeiro e Cristo, o único caminho?"

"Por que você diz que os cristãos não devem ir ao cinema? Conheço uma que vai, e o pai é obreiro."

Essas questões difíceis são as que os adolescentes perguntam primeiro, em razão de seu desenvolvimento intelectual. Não estão experimentando apenas o desenvolvimento físico radical, mas sua capacidade de pensar também muda, principalmente na forma como estão acostumados a pensar.

Pensamento Operacional Formal

Os quatro estágios principais do desenvolvimento cognitivo ou do pensamento, como esboçado pelo psicólogo suíço Jean Piaget, vieram a ser valorizados pela maioria dos educadores. Os três primeiros ocorrem durante a infância, sendo que o quarto, o estágio das *operações formais*, geralmente acontece entre os doze e os quinze anos, aproximadamente, embora em algumas crianças comece aos dez anos de idade. O termo "formal" refere-se à capacidade de pensar sobre a *forma* de sentenças e idéias (Inhelder e Piaget, *The Growth of Logical Thinking* [A Evolução do Pensamento Lógico], 1958, p. 573).

O pensamento operacional formal sinaliza a mudança do pensamento em termos concretos e literais para o abstrato. A pessoa que atingiu esse estágio de desenvolvimento pode lidar com idéias e conceitos; não precisa mais se fixar em objetos concretos para compreender. Está mais interessada em idéias do que em fatos e é capaz de começar a lidar com conceitos éticos e morais, como a justiça e o amor.

Ela reconhece que as palavras podem ter significados literal e conotativo. Conseqüentemente, consegue entender trocadilhos, ironias e sarcasmo, compreender parábolas e alegorias, e perceber figuras de linguagem como metáforas, símiles e prosopopéias.

No estágio das operações formais também surge a habilidade para desenvolver uma hipótese e argumentar se está certa ou não. Por exemplo, se você disser a uma criança que ainda não alcançou o quarto estágio: "Imagine que a neve seja azul", ela não poderia pensar no problema, porque a neve é branca e isso vai de encontro a uma barreira mental. No entanto, um adolescente no estágio das operações formais é capaz de pensar em uma série de possibilidades e suas conseqüências. Ele pode lidar com todos os tipos de situações hipotéticas e construir teorias.

Pode pensar sobre o pensamento e, por essa razão, colocar-se no lugar de outra pessoa. Como conseqüência, é capaz de sentir empatia e entender como as pessoas descritas na Bíblia se sentiram em situações difíceis.

Como o pensamento operacional formal não se desenvolve todo de uma vez, a classe de adolescentes será constituída por alunos com habilidade de pensar em diferentes níveis.

Pensamento Independente

Como resultado desta nova habilidade, os adolescentes começam a pensar por si, independentemente de seus pais, professores e outros adultos. Desconfiam de tudo e de todos, inclusive de sua fé em Cristo e do cristianismo em geral, visto que, pela primeira vez em suas vidas, possuem a capacidade de argumentar e questionar dessa forma.

Todo esse processo de pensar por si mesmo e de ter as próprias convicções pode levar a conflitos com professores e pais. De fato, alguns acabam parecendo agnósticos, quando você os tinha por crentes. Em vez de esmagar suas perguntas com a resposta: "Apenas acredite no que eu digo", é importante ajudar os adolescentes a resolver suas dúvidas e questões. Faça-os saber que não há nada de errado em questionar; o cristianismo é capaz de enfrentar até mesmo as perguntas mais difíceis.

Anseio por Explicações

Outro efeito desse novo modo de pensar é a demanda por argumentos. Não é mais suficiente responder: "Porque sim". O adolescente quer uma razão específica. Em virtude disso, ele pode parecer ou se tornar crítico, perguntando constantemente o porquê de tudo. Também pode parecer um sabichão, com uma resposta pronta ou outra pergunta para o que lhe for questionado.

Inclinado a Argumentações

Juntamente com o anseio por explicações, está o fato de que os adolescentes gostam de argumentar e debater. O pensamento operacional formal os ajuda a relacionar fatos e fazer conjeturas. Com freqüência, vão discutir o próprio argumento, uma tendência que pode, rapidamente, frustrar os professores.

Egocentrismo

Em razão de sua nova capacidade de pensar, os adolescentes se vêem como o centro do mundo, assim como a criança nos primeiros anos de vida. Não é orgulho egotista, mas uma incapacidade de separar os próprios interesses e as mudanças que estão ocorrendo em seus corpos dos interesses das outras pessoas. Por conseguinte, supõem que todos estão interessados neles da mesma forma e na mesma medida que estão interessados em si mesmos.

Um dos efeitos principais do egocentrismo é a consciência de si próprio. Os adolescentes pensam que as outras pessoas estão muito mais atentas a eles e os observam mais do que realmente estão.

Preocupação com o Futuro

As perspectivas do passado e do futuro são maiores para adolescentes do que para crianças. Para uma criança no primário, três meses parecem uma eternidade. Todavia, os alunos da 8ª série estão começando a pensar nos anos seguintes e planejando seu futuro, principalmente no que diz respeito à carreira profissional.

À luz da possibilidade de uma guerra mundial nuclear, alguns adolescentes perguntam: "Haverá um futuro?" Depois de esboçar uma conclusão duvidosa, um número crescente está optando por alternativas para o seu futuro, como o vício do álcool e das drogas e o suicídio.

Identidade Própria

A busca pela identidade própria começa aos primeiros anos da adolescência, embora se concentre principalmente entre os adolescentes que estão cursando o Ensino Médio e a universidade. Com todas as mudanças ocorrendo em seu corpo, na capacidade de pensar e nas emoções, um adolescente tem todo o direito de perguntar: "Quem sou eu?"

Ele pode se sentir totalmente inútil, especialmente em comparação aos outros. As mudanças físicas o fazem sentir-se feio. O desenvolvimento tardio do quarto estágio cognitivo pode fazer com que se sinta um estúpido. Essa postura crítica pode atingir seu interior e provocar depressão, através de pensamentos como: "Não consigo fazer nada direito". Esse sentimento de inferioridade leva à crença de que nenhuma pessoa se importa com ele ou que ninguém sentiria saudades caso morresse.

Enquanto todos os aspectos de sua vida se transformam, o adolescente encara a tarefa monumental de integrar forças, fraquezas, metas, desejos e sonhos para o futuro. Nesse esforço para descobrir quem ele é e quem será, o adolescente, de forma inconsciente, assumirá muitas personalidades. Um dia, ele será amável e disposto a ajudar; no dia seguinte, mesquinho e hostil. No início da aula da Escola Dominical pode ser extrovertido, e se tornar introvertido quando o sinal tocar anunciando o fim da reunião. Pode ser o favorito do professor, o espalhafatoso que gosta de se mostrar, um camaleão sem opiniões próprias, um aluno encantador, um briguento. A cada momento que experimenta uma personalidade diferente, observa a reação das pessoas e repete ou descarta o comportamento. Eventualmente, emergirá desse processo com uma personalidade exclusiva.

Durante esse processo de desenvolvimento da identidade, é importante para professores e pais ajudarem os adolescentes a enfrentar sentimentos de inferioridade, encorajando-os a serem bons em alguma atividade. O Dr. James Dobson, um famoso psicólogo cristão, chama esse método de *compensação* e declara que é a maneira mais eficaz de lidar com o problema (*Hide and Seek* [Esconde-esconde], ed. rev.; 1974, pp. 79-84).

Como professor, você pode ajudar seus alunos a descobrir seus pontos fortes e desenvolvê-los. O adolescente pode ter talento artístico; um hobby, como colecionar moedas; habilidade para cozinhar; aptidão para os esportes ou outra habilidade entre centenas. Quando você cumprimenta Ana Luiza pelo novo vestido que ela mesma costurou, pede ao Vinícius para fazer uma ilustração sobre o assunto da lição ou convida o Pedro para ajudá-lo a consertar seu carro, você confirma o seu valor, fazendo com que se sintam amados e importantes.

Ademais, é essencial que os professores mostrem a aceitação incondicional de Deus, aceitando cada aluno assim como ele é, inclusive com suas limitações. Mostrar favoritismo em relação a alguns alunos confirma a inferioridade e a falta de valor dos outros. Como Davi expressou em Salmos 139.13-18, cada pessoa é única e especial para Deus.

Imaginação

Os adolescentes têm uma imaginação muito ativa. Eles raramente a desligam e, com certeza, a deixam ligada na Escola Dominical. Nos momentos mais inoportunos, disparam comentários e perguntas inesperadas e desconexas. Por exemplo, no meio de uma séria discussão bíblica, uma de minhas alunas perguntou-me: "Por que o seu tornozelo é tão ressaltado?" Depois de explicar que havia nascido assim, retomei a discussão do ponto em que foi interrompida e continuei.

Falta de Tato

Não é preciso trabalhar muito tempo com os adolescentes para descobrir que eles dizem exatamente o que pensam. Se não gostam de seu vestido ou gravata, eles lhe dirão. Se pensam que você é hipócrita, eles deixarão que saiba. Se um aluno faz alguma coisa estúpida na classe, tenha certeza de que o restante do grupo está atento ao erro. Se o nariz de alguém for grande ou seus dentes salientes, um de seus colegas vai providenciar um apelido que chame a atenção para o fato.

Uma coisa os adolescentes nunca tiveram: discrição. Como um adulto descreveu: "O único problema com os adolescentes é que não possuem filtros entre suas mentes e suas bocas" (citado por Dave McCasland em *From Swamp to Solid Ground* [Do Pântano à Terra Firme], 1980, p. 27).

Sobrevivendo às Mudanças

Com seu novo jeito de pensar, os adolescentes precisam ser desafiados a usá-lo para pensar por si mesmos em vez de receberem a informação pronta nas aulas semanais. Conduza-os a aprender as verdades de Deus por eles mesmos, usando métodos envolventes como encenações, estudo indutivo da Bíblia e perguntas (veja mais detalhes no capítulo 10).

Quando os alunos questionarem você e o cristianismo, dê-lhes respostas e argumentos. Não tenha medo de dizer: "Eu não sei, mas vou descobrir", em vez de responder qualquer coisa. Aquela resposta é muito melhor, pois aumentará o respeito por você em vez de diminuí-lo. Como alguém advertiu: "Seja cuidadoso quando estiver à beira de seu conhecimento; você pode cair" (citado por Elmer L. Towns em *Successful Biblical Youth Work* [Trabalho Bíblico e Bem-sucedido com a Juventude], 1973, p. 82).

Porque conseguem argumentar e questionar de novas formas, os adolescentes não se satisfazem com listas de "faça" e "não faça" relativas ao cristianismo. Precisam saber *porque* fazemos ou não certas coisas. Por essa razão, é importante ensinar regras e princípios bíblicos em vez de dizer-lhes dogmaticamente o que fazer. Inclua, também, o seguinte ensinamento na lista dos princípios que vão prevenir conflitos com os pais: "Vós filhos, sede obedientes a vossos pais no Senhor, porque isto é justo" (Ef 6.1).

Quando os adolescentes manifestarem dúvidas sobre sua fé, não os julgue, nem os critique. Em vez disso, ajude-os a encontrar respostas na Bíblia para solucionar essas questões. Dúvidas não esclarecidas podem se converter em ceticismo mais tarde.

Por último, esteja sempre preparado. Os adolescentes têm mentes muito ativas, assim como seus corpos. Dave McCasland exorta: "Se você não tiver nada planejado, eles terão. As adolescentes raramente têm falta de assunto e os adolescentes dificilmente vão a algum lugar com os bolsos vazios. Eles não gostam de ficar entediados e, na maior parte do tempo, carregam suas próprias alternativas consigo. Se você não planejar bem a aula, eles ficarão felizes em aproveitar o tempo vago" (*From Swamp to Solid Ground* [Do Pântano à Terra Firme, 1980, p. 48).

Avaliação

1. Muitos adolescentes são capazes de começar a entender conceitos abstratos, como a justiça e o amor. V – F
2. Os adolescentes querem que lhes digam o que devem fazer e não questionam as razões. V – F
3. Os adolescentes vão argumentar com você, mesmo que concordem com sua opinião. V – F
4. Uma das melhores formas de ajudar os adolescentes a enfrentarem sentimentos de inferioridade é ajudá-los a se tornarem bons em alguma atividade. V – F
5. Os adolescentes são cuidadosos com o que dizem, para não magoar ninguém. V – F
6. A aula expositiva é um bom método de ensino para adolescentes. V – F
7. O professor nunca deve dizer: "Eu não sei". V – F

Respostas: 1. V; 2. F; 3. V; 4. V; 5. F; 6. F; 7. F.

4

Desenvolvimento Emocional

Lembra-se da primeira vez em que andou na montanha-russa, com aqueles picos altos e amedrontadores e declives repentinos e mortais, com intervalos de segundos entre uns e outros? (Ou da primeira montanha-russa em que você se recusou a andar, justamente por causa dos altos e baixos?)

O humor "montanha-russa" dos adolescentes se desloca, com rapidez, do cume das montanhas até o profundo vale. Paralelamente às mudanças físicas em seus corpos e em sua capacidade intelectual, estão experimentando sublevações emocionais, principalmente em virtude do desenvolvimento glandular. Algumas dessas sublevações são acompanhadas de emoções e temores similares aos que você sentiu em seu primeiro passeio na montanha-russa.

Humor Ioiô

As emoções dos adolescentes são muito imprevisíveis. Podem oscilar de um extremo ao outro e em todos os pontos entre eles, em um curto período de tempo. Por exemplo, Lucas pode estar alegre quando chega à aula, mas fica mal-humorado dez minutos depois. Beatriz colabora uma semana e no próximo domingo, interrompe a aula. Assim como um ioiô, o adolescente enfrenta, de forma constante, altos e baixos emocionais.

Às vezes, as emoções do adolescente explodem por completo, ofendendo as pessoas involuntariamente. Em alguns momentos, ele tenta esconder seus sentimentos. Geralmente, tem dificuldades em dizer como se sente, mesmo quando não consegue esconder bem essas emoções.

Melancolia e depressão caracterizam um ponto final nessas oscilações de humor. Todavia, não duram muito, uma vez que o ioiô das emoções também ascende a sentimentos agradáveis.

Esses humores instáveis atingem os grupos de adolescentes por inteiro, bem como os indivíduos. Em um domingo, todos participam das atividades de estudo bíblico, deixando o professor exultante. Porém, na semana seguinte, se assentam nas cadeiras de modo provocador e o desafiam a ensinar-lhes qualquer coisa, fazendo você desistir de manter contato com adolescentes para o resto da vida.

Em muitos adultos, o descomedimento imprevisível das emoções assemelha-se à esquizofrenia. Mas é normal em um adolescente.

Intensidade

Para um adolescente, toda experiência se apresenta em um ou outro extremo; parece não haver meio-termo. As emoções vividas por ele são extremamente intensas e geralmente desproporcionais à situação.

Quando um adolescente fica triste, entra totalmente em depressão. De fato, a depressão pode parecer tão profunda a ponto de levá-lo a cogitar ou até mesmo a cometer suicídio, pois ele não tem uma perspectiva madura da situação. Quando uma adolescente se apaixona, sua paixão é maior do que a de qualquer pessoa.

Essa intensidade de emoções pode conduzir a acessos de raiva durante incidentes insignificantes ou por causa de uma palavra. Um adolescente, por exemplo, pode sair da classe pisando duro se não foi chamado para ser o líder de um grupo alvoroçado, pois pensava merecer aquela posição. O adolescente é capaz de reagir com uma fúria cega sem qualquer motivo aparente. Depois, sua raiva diminui igualmente depressa.

Falta de Controle

As emoções intensas e oscilantes são difíceis de serem controladas pelo adolescente. Com todas as mudanças ocorrendo em seus sentimentos, não compreendem as emoções e nem sabem o que fazer com elas.

Por exemplo, um adolescente pode cair na gargalhada sem nenhuma razão e depois não ser capaz de parar. Uma das mais vivas lembranças de minha adolescência remonta aos freqüentes e incontroláveis períodos de gargalhada. E eu nem mesmo sabia por que havia começado a rir. Esse tipo de explosão costuma ser contagiosa; faz com que a classe inteira comece com as risadinhas e, deste modo, interrompe o estudo bíblico por alguns minutos. O professor sábio faz um intervalo até que o riso diminua e, então, retoma o ponto no qual havia parado e não se perturba com a interrupção.

Falta de Auto-estima

Duas emoções típicas da adolescência são os sentimentos de inferioridade e a insegurança. Em razão de todas as mudanças que estão acontecendo em seu corpo, o adolescente torna-se muito acanhado. Ele sempre pensa que ninguém o entende — especialmente seus pais. Enfrenta momentos em que não se sente bem-aceito pelo mundo inteiro — inclusive pelo seu melhor amigo — e se acha totalmente sem valor.

A falta de compreensão sobre as mudanças físicas e intelectuais trazidas pela puberdade conduz a esses sentimentos de inferioridade. Ao comparar-se com os outros, o adolescente pensa que não é tão bom ou tão digno quanto eles. Para encobrir esses sentimentos, acaba desenvolvendo um comportamento dominador, espalhafatoso ou petulante. Ele pode se retrair dentro de uma carapaça ou tornar-se o chefe da classe. Ou pode disfarçar uma postura de tédio e falsidade que desafia qualquer um a lhe dar aula ou oferecer ajuda.

Para identificar como seus alunos se sentem sobre si mesmos, peça-lhes que completem as seguintes afirmações, escrevendo nas lacunas:

Complete essa frase dez vezes:
Eu sou...
A maior parte do tempo eu me ______________.

Temores

Um adolescente tem certos medos que parecem tolos para os adultos. A maior parte desses temores é imaginário, mas, para um adolescente, parecem bem reais.

Muitos desses medos estão estritamente relacionados às mudanças físicas em seu corpo. Ao comparar sua aparência com a de outros adolescentes, cujos estágios de crescimento e desenvolvimento são diferentes, ele pode se sentir fisicamente anormal. Esse temor conduz ao medo de não ser aceito no meio social, principalmente se o adolescente é desajeitado.

O medo de falhar — de dizer ou de fazer algo errado — pode levar o jovem a desistir antes mesmo de tentar. Quando Jane estava na sétima série, recusava-se a participar de nossas discussões em classe, apesar de saber as respostas e de ter opiniões sobre o assunto. Sua mãe deu-me uma dica, quando falou a respeito do medo que Jane sentia de dar respostas erradas; então, eu não a pressionei. Dois anos mais tarde, ela já havia superado aquele medo e participava ativamente da aula. (Fico feliz ao pensar que meu interesse pessoal, encorajamento e orações ajudaram.)

Sobrevivendo às Mudanças

Com a vida diária caracterizada por sentimentos intensos e semelhantes a uma montanha-russa, os adolescentes precisam de adultos que possuam estabilidade emocional. Quando você mostra ter controle de suas próprias emoções, traz a esperança de que o descomedimento incontrolável vai passar ou pode ser subjugado.

Quando o grupo todo ou alguns alunos apresentarem emoções desagradáveis, como mau humor e rebeldia, seja paciente. Considerando que seus humores mudam rapidamente, espere que o comportamento mais adequado logo aparecerá. Grande parte dessa rabugice pode ser ignorada, pois trata-se de um comportamento normal.

Além da paciência, a flexibilidade e a compreensão o ajudarão a enfrentar esses sentimentos imprevisíveis e instáveis. Reagir de modo exagerado, ficar aborrecido, criticar e desconcertar adolescentes em público são atitudes que os afastarão rapidamente.

Amar e aceitar os adolescentes do jeito como são agora — não como você gostaria que fossem — vai ajudá-los a construir a auto-estima. (Veja "Deus e a Auto-estima".) Considerando que os adolescentes soletram amor como T-E-M-P-O, é importante passar um tempo com eles fora da classe — conhecendo melhor, fazendo coisas juntos, ouvindo e estando disponível. (Leia o capítulo 12 para maiores detalhes.)

Garanta aos adolescentes que emoções não são pecado, mas podem ser responsáveis por atitudes pecaminosas. Por exemplo, Paulo diz em Efésios 4.26-32 que a ira é normal e correta: "Irai-vos" (v. 26a). Mas também ensina que não devemos permanecer irados, permitindo que se inflame em amargura e rancor: "Iraivos e não pequeis; não se ponha o sol sobre a vossa ira. Não deis lugar ao diabo... Toda a amargura, e ira, e cólera, e gritaria, e blasfêmias, e toda a malícia seja tirada de entre vós. Antes, sede uns para com os outros benignos, misericordiosos, perdoando-vos uns aos outros, como também Deus vos perdoou em Cristo".

De igual forma, assegure que a fé não se baseia em sentimentos, mas é edificada na confiança na Palavra de Deus, independentemente de como nos sentimos. João escreveu sua primeira carta para que os leitores *saibam* que têm a vida eterna e não para que *sintam* a salvação: "Estas coisas vos escrevi, para que saibais que tendes a vida eterna e para que creiais no nome do Filho de Deus" (1 Jo 5.13).

Em meio a emoções imprevisíveis e mutáveis, os adolescentes precisam ser lembrados de que Deus é imutável. Ele é sempre o mesmo, está sempre disponível, pode-se contar com Ele em qualquer ocasião e Ele nunca falha.

Como adolescentes são seres altamente emotivos, é fácil manipulá-los em decisões espirituais através de fortes apelos emocionais. Esse tipo de decisão, contudo, dura tanto quanto as emoções que, por sua vez, não se mantêm por muito tempo. É melhor evitar essas táticas e estimular atitudes baseadas na obediência a Deus e a sua Palavra, não na culpa e na instabilidade emocional.

Deus e a Auto-estima

Deus me considera único e especial.

"Pois possuíste o meu interior; entreteceste-me no ventre de minha mãe. Eu te louvarei, porque de um modo terrível e tão maravilhoso fui formado; maravilhosas são as tuas obras, e a minha alma o sabe muito bem. Os meus ossos não te foram encobertos, quando no oculto fui formado e entretecido como nas profundezas da terra. Os teus olhos viram o meu corpo ainda informe, e no teu livro todas estas coisas foram escritas; as quais iam sendo dia a dia formadas, quando nem ainda uma delas havia. E quão preciosos são para mim, ó Deus, os teus pensamentos! Quão grande é a soma deles! Se eu os contasse, seriam em maior número do que a areia; quando acordo, ainda estou contigo." (Sl 139.13-18)

Deus me aceita incondicionalmente.

"Mas Deus prova o seu amor para conosco, em que Cristo morreu por nós, sendo nós ainda pecadores." (Rm 5.8)

Deus não está interessado na aparência exterior.

"Porque o Senhor não vê como vê o homem. Pois o homem vê o que está diante dos olhos, porém o Senhor olha para o coração." (1 Sm 16.7)

Deus tem valores diferentes do homem.

"Porque o que entre os homens é elevado perante Deus é abominação." (Lc 16.15)

Avaliação

1. Com freqüência, os adolescentes expressam uma variedade de emoções em um curto período de tempo. V – F
2. Os adolescentes são capazes de controlar muito bem suas emoções. V – F
3. O adolescente costuma se sentir mal compreendido e sem valor para os outros. V – F
4. O adolescente deve ser punido para que seja curado de seu mau humor. V – F
5. Emoções desagradáveis, como a ira, são pecaminosas. V – F
6. É importante ensinar os adolescentes a basearem sua fé em uma verdade objetiva e não em sentimentos. V – F

Respostas: 1. V; 2. F; 3. V; 4. F; 5. F; 6. V.

5

Desenvolvimento Social

A mãe de uma de minhas alunas da Escola Dominical procurou-me após o término da reunião. Queria conversar comigo sobre sua filha, que se sentia desprezada por outras duas meninas. Era um típico problema de adolescentes. Há apenas alguns meses, essa mesma garota fez com que uma das meninas sentisse o mesmo, quando ela e a terceira menina eram amigas.

Enfrentar esse tipo de desentendimento faz parte do processo de amadurecimento dos adolescentes. Além das transformações físicas, mentais e emocionais, passam por uma mudança correspondente nos relacionamentos sociais.

A Busca por Independência

Uma das mudanças principais na esfera social ocorre quando os adolescentes se desprendem de suas famílias e estabelecem uma identidade distinta. Não se satisfazem em ser apenas o filho ou filha do Sr. e Sra. Oliveira; ao contrário, querem ser reconhecidos como pessoas com personalidade, que tomam suas próprias decisões. O desenvolvimento psicológico possibilita a percepção de que são distintos de seus pais e que podem pensar, ver e sentir de forma diferente.

Como resultado desse desprendimento, os adolescentes tendem a ser muito críticos em relação aos pais e a chamá-los de antiquados. Ficam constrangidos de serem vistos em público com eles e, em conseqüência, os evitam tanto quanto possível. A maior parte dos adolescentes, por exemplo, se separa da família no momento imediato em que chega à igreja, juntando-se aos pais somente na hora de retornar à casa.

Esse ímpeto por independência é doloroso para pais que querem continuar mantendo o controle. Vários graus de atitudes e ações rebeldes emergem, normalmente proporcionais ao controle exercido pelos pais. A rebeldia contra a autoridade, na tentativa de ser independente, irradia em outras áreas, incluindo a escola e a igreja.

Embora os adolescentes queiram ser adultos, sempre hesitam entre agir como adultos independentes ou como crianças dependentes, mostrando que não estão assim tão prontos a arcar com as responsabilidades trazidas pela independência. Por esta razão, são muito imprevisíveis!

O Grupo de Amigos

O grupo é a ponte entre a segurança oferecida pela dependência dos pais e a liberdade da independência. Trata-se também de uma característica predominante da vida social do adolescente. Os grupos de jovens adolescentes continuam a ser compostos por pessoas do mesmo sexo, como se fossem extensão das turmas de juniores.

O forte desejo de ser aceito pelo grupo leva os adolescentes a fazerem quase tudo. Seja qual for o estilo de roupas do grupo, ele o adotará. Não importa a gíria usada pelo grupo, ele a usará. Tudo quanto o grupo apreciar, ele também vai gostar. Tudo o que o grupo fizer, ele fará.

Ser diferente é cometer suicídio social. Deste modo, é difícil para o adolescente — se não impossível — ser o único a optar pelo Senhor e por seus mandamentos, quando o grupo não está interessado nisso ou age de forma contrária à Bíblia. Como declarou Wayne Rice: "Se uma escolha deve ser feita entre os amigos e a fé, eles escolherão os primeiros quase todas as vezes. A fé vem depois... ter amigos é a coisa mais importante agora" (*Junior High Ministry* [Trabalhando com Adolescentes], 1978, p. 70).

Embora a aspiração de pertencer e de estar de acordo com o grupo seja forte, alguns adolescentes se afastam dos amigos com seu comportamento. Linda, por exemplo, queria muito ser aceita pelos outros alunos da classe de Escola Dominical, mas sua postura detestável e bisbilhotice repeliram os amigos.

À princípio, o esforço para ser igual aos outros e a falta de identidade individual parecem contradizer o desejo de independência e de adquirir personalidade própria. Entretanto, o grupo funciona como auxiliar da independência. Ele promove o desenvolvimento social ao proporcionar uma ampla variedade de experiências de interação subjetiva e ao aprofundar relacionamentos interpessoais. O grupo ajuda os adolescentes a desenvolver a lealdade fora do âmbito familiar e a ajustar-se a papéis mais adultos. Há a segurança emocional da aceitação e do apoio no grupo, em que os outros afirmam, através de sua presença, que determinada pessoa tem valor.

O grupo de uma classe de Escola Dominical ou de jovens proporciona uma semelhança positiva, quando os adolescentes apóiam e estimulam um ao outro a ter uma vida cristã. Se a Escola Dominical é o lugar onde todos são aceitos e amados, cada aluno pertencerá a pelo menos um grupo.

Admiração por Heróis

Embora seja importante a aceitação no grupo de amigos, os adolescentes admiram e imitam os adultos. Essa admiração por heróis transborda na adolescência. Veneram ídolos do esporte, estrelas da televisão e do cinema, músicos de rock e também adultos que os ajudam e se mostram amigos. Essa admiração pode ir longe, a ponto de o adolescente colar a foto de uma atriz na primeira página da Bíblia, como uma de minhas alunas fez.

Inibição

Com todas as transformações em seus corpos, emoções, mentes e "status" social, não é de admirar que adolescentes sejam muito inibidos. Sem auto-estima saudável, apta a lhes dar confiança e oportunidades para o desenvolvimento de habilidades sociais, eles manifestam, através de suas ações, toda a incerteza dentro de si.

Para alguns adolescentes, o acanhamento é tão forte a ponto de torná-los pessoas introvertidas. Beatriz, por exemplo, que se recusava a participar das aulas, ficava à margem do grupo durante as atividades em seu primeiro ano na classe, pois tinha medo de fazer ou dizer algo errado. Em virtude disso, ela optou por não fazer nada e tornou-se uma pessoa socialmente introvertida.

Início do Interesse no Sexo Oposto

A inibição é vista com maior clareza e com freqüência nas relações menino-menina. As garotas estão começando a se interessar pelos garotos, mas não falam abertamente sobre isso, principalmente com eles. A maioria dos meninos, contudo, está um ano ou dois atrás das meninas em termos de interesse, uma vez que sua maturidade física começa mais tarde.

Com alunos da sétima e oitava séries, essa disparidade de interesse no sexo oposto e a relutância em admitir algum interesse geralmente causam uma tensão muito forte quando meninas e meninos são da mesma classe de Escola Dominical. É quase cômico ver como os garotos evitam se sentar perto das garotas e vice-versa. Infelizmente, a tensão prejudica o aprendizado.

Orientação das Ações

Jovens adolescentes possuem vivacidade e entusiasmo para a ação. Diferentemente dos sofisticados estudantes do Ensino Médio, eles estão prontos para fazer qualquer coisa. "Qualquer coisa" pode abranger de participações na aula até programação de reuniões sociais; ou de projetos de trabalhos na igreja para o Senhor a brincadeiras de mau gosto e desordens, dependendo de como esse entusiasmo é canalizado.

Em razão dessa característica, ensinar adolescentes é uma alegria. Eu nunca tive uma classe que não respondesse à sugestões de projetos ou outro tipo de participação na aula. Ficam ansiosos para fazer a partir da palavra *façam*.

Sobrevivendo às Mudanças

Como os adolescentes desejam ser adultos, o professor precisa tratá-los levando em consideração esse fato e lembrando que ainda não são adultos. Quando for apropriado, permita que os alunos tomem decisões e assumam responsabilidade, como planejar uma reunião social da classe.

É vital que você aceite a todos de sua classe e não escolha favoritos. Seja amigo e mostre interesse pessoal por cada aluno. A Escola Dominical deve ser um grupo onde todos se sentem confortáveis, sabem que fazem parte da classe e são amados. Faça um esforço especial para incluir alunos que são rejeitados pelo resto da turma, procurando descobrir o porquê e fazendo o possível para aliviar a situação.

Planeje com o grupo e participe de trabalhos para o Senhor dentro e fora da igreja. Ensine e estimule a evangelização entre amigos para ajudar os adolescentes a testemunharem aos colegas sobre Jesus, sem medo do ostracismo social. O livro *Out of the Salt-Shaker & into the World* (Fora do Saleiro e dentro do Mundo), de Rebecca Manley Pippert (InterVarsity Press), é uma excelente fonte para esse assunto. Também encoraje os alunos a procurar cristãos na escola para apoio mútuo.

Um dos derivados das turmas de adolescentes são as "panelinhas". Podem se tornar tão fortes que tornam inúteis os esforços para desfazê-las. Em vez disso, proporcione oportunidades para que os membros do grupo interajam e participem juntos da aula. Isso ajuda a formar pequenos grupos ao acaso ou ao redor das panelinhas, sem separar ninguém de seus amigos mais chegados.

A tendência que adolescentes têm de formar panelinhas do mesmo sexo, agregada à relutância em agir naturalmente na presença do sexo oposto são argumentos válidos para enfatizar a importância da separação das classes. Se o tamanho do grupo ou a falta de um segundo professor são obstáculos para separar as turmas de meninos e meninas, comece a orar e a procurar mais alunos ou um professor. Três alunos fiéis não são pouco para uma classe; se gostarem da Escola Dominical, convidarão outros amigos, aumentando assim o tamanho da turma.

Como adolescentes imitam os adultos que admiram, o professor deve ser o primeiro candidato a essa admiração e imitação. Seja um exemplo digno de imitação, assim como Paulo expressou em 1 Coríntios 11.1: "Sede meus imitadores, como também eu, de Cristo."

Finalmente, converta a vivacidade dos adolescentes em ação. Em vez de aulas expositivas, use métodos envolventes para ajudá-los a compreender as verdades bíblicas sozinhos. (Veja os capítulos 10 e 11.) Também planeje — com a ajuda deles — reuniões sociais e atividades na igreja. Não permita que usem a desculpa, "Não há nada para fazer", a fim de justificar o uso de sua energia em brincadeiras de mau gosto.

Avaliação

1. Uma das tarefas principais do adolescente é começar a estabelecer uma identidade distinta da de seus pais. V – F
2. O comportamento dos adolescentes é bastante previsível. V – F
3. A pressão do grupo é sempre prejudicial. V – F
4. O grupo é a maior influência sobre a vida do adolescente. V – F
5. Os adolescentes apenas se interessam em seus amigos, não em adultos. V – F
6. Os jovens adolescentes estão sempre prontos para a ação. V – F
7. O professor sábio usa a influência do grupo para estimular o crescimento espiritual de seus alunos. V – F
8. As pessoas que trabalham com adolescentes deveriam tentar desfazer as "panelinhas". V – F

Respostas: 1. V; 2. F; 3. F; 4. V; 5. F; 6. V; 7. V; 8. F

6

Desenvolvimento Moral

"Conhecer a Jesus é muito bom, mas a igreja é maçante."

"Meus pais dizem que devo obedecer a Palavra de Deus, mas eles não praticam o que pregam."

"Eu acreditava na Bíblia porque meu professor de Escola Dominical disse que deveria, mas agora não tenho certeza."

"Sei que disse que fui salvo na terceira série e batizado algum tempo depois, mas, às vezes, tenho dúvidas se *realmente* sou salvo."

Comentários assim parecem um retrocesso na fé e soam negativamente para os pais e muitos outros que trabalham com jovens. No entanto, quando você refletir nesses pensamentos, verá que ilustram de fato o crescimento do adolescente em direção a uma fé mais madura.

Idealismo

Uma das palavras-chave que descrevem o desenvolvimento moral do adolescente é *idealismo.* Desejam se comprometer com alguma coisa e ser levados em consideração, a fim de se sentirem importantes. Tanto para cristãos como para não-cristãos, esse desejo pode ser direcionado para seguir a Cristo. Muitos missionários, de fato, dedicaram-se a servir ao Senhor dessa maneira quando eram adolescentes.

O resultado desse idealismo é o desejo de servir ao Senhor. Eles correspondem prontamente a uma variedade de projetos na igreja, porém seu interesse tende a ser curto. Às vezes, contudo, eles têm um forte motivo para servir a Deus na igreja. As meninas podem ser voluntárias no berçário, não somente porque gostam de crianças e desejam fazer algo para o Senhor, mas também para escapar de trabalhos considerados maçantes. Os meninos podem se oferecer para ajudar com o sistema de som da igreja, com o intuito de não ficarem apenas sentados no decorrer do culto. Desta forma, desenvolvem habilidades técnicas e as usam para o Senhor.

Outra conseqüência do idealismo é o desejo de saber como pôr em prática a fé que aprendem, embora precisem de orientação nesse sentido. Estão mais interessados em conhecer os ensinamentos bíblicos sobre seus problemas imediatos, como a pressão para mentir, a solidão, a tentação de experimentar drogas ou o sexo, etc., do que em saber contar uma série de histórias.

Em sua busca de algo em que se empenhar, os adolescentes — imitadores por natureza — examinam os adultos com o intento de encontrar perfis de pessoas sinceras para seguir. São rápidos para identificar hipócritas e criticá-los na igreja e em casa.

Dúvidas

A segunda palavra-chave do desenvolvimento moral do adolescente é *dúvida*. Esta característica encontra-se intimamente ligada à sua busca por independência e à nova capacidade de pensar.

Quando crianças, sua fé era herdada de seus pais ou de outros adultos merecedores de respeito, como professores de Escola Dominical. Eles criam principalmente porque eram ensinados a crer. Porém, agora, começam a questionar o que aprenderam sobre a fé em Deus, a igreja, a Bíblia, etc. Costumam perguntar: "Como você *sabe* que é verdade?"

Ao contrário do que pensam os adultos, questionar a fé não equivale a heresia ou incredulidade. Como um velho ditado diz:

> *Quem nunca duvidou,*
> *jamais creu de verdade.*

É saudável para o adolescente questionar e refletir sobre sua fé, a fim de que ela possa ser incorporada e não descartada quando se tornar independente dos pais.

Eu prefiro muito mais os alunos que me colocam em dificuldades com suas dúvidas àqueles que ficam sentados quietos, absorvendo a aula, sem refletir em nada. Anne, por exemplo, quase todas as semanas tinha uma dúvida, desde que entrou em minha classe. Não consigo responder à muitas dessas dúvidas, porque a Bíblia não nos dá respostas definitivas em certas áreas. No entanto, fico entusiasmada ao saber que ela pensa e não tem medo de perguntar. Os adolescentes que nunca têm dúvidas ou perguntas são os primeiros candidatos aos cultos em grupo.

Desenvolvimento do Sistema de Valores

Os adolescentes desenvolvem uma percepção aguçada do certo e do errado. Embora saibam que estão desobedecendo a Deus, muitas vezes são incapazes de romper com o hábito de pecar. Precisam de um ensinamento claro sobre como agir, do estímulo dos adultos admirados por eles e de amigos que estão tentando seguir a Deus. Raquel costuma conversar comigo sobre as tentações que enfrenta e o que fazer com elas. Posso dizer, diante de seus comentários em aula, que determinados estudos bíblicos estão ajudando Raquel a superar hábitos pecaminosos sobre os quais deseja ser vitoriosa. Cada um dos conselhos e a oração ajudam-na a crescer espiritualmente nessas áreas.

Ao manterem sua busca pela independência, os adolescentes começam a desenvolver sistemas de valores próprios, distintos de seus pais. Infelizmente, esses valores, com freqüência, são influenciados mais pelos amigos, pela mídia, por famílias instáveis e pela ética da situação do que por valores absolutos e princípios ensinados na Bíblia. Por conseguinte, é importante que você construa relacionamentos com os alunos e compartilhe seus valores com eles, através de palavras e do seu bom testemunho. Também é necessário ensinar os mandamentos de Deus e sua aplicação na vida dos adolescentes do século XXI.

Decisões Espirituais

Intimamente relacionado ao seu idealismo está o fato de que, muitas vezes, os adolescentes tomam sólidas decisões espirituais. Logo que vencem as dúvidas, o cristianismo torna-se muito pessoal. Embora os livros divirjam sobre média de idade para conversão a Cristo, o período entre doze e treze anos é reconhecido como o ponto alto para que o indivíduo creia e entregue sua vida a Jesus.

Uma advertência se faz necessária aqui. É possível que as decisões dos jovens adolescentes sejam estritamente emocionais. Eles são muito suscetíveis a apelos emocionais e podem ser pressionados a tomar quase todo tipo de decisão mediante investidas perspicazes e públicas em suas emoções. Por exemplo, é muito fácil pressionar um grupo inteiro de adolescentes a se dedicar novamente ao Senhor ou a ser voluntário no departamento de missões. Basta fazê-los se sentirem culpados, independentemente da ação do Espírito Santo.

Menos Interesse no Estudo Formal

Muitos adolescentes "progrediram" e já não se importam mais em completar as lições da Escola Dominical e memorizar o versículo da semana como antes. O desinteresse temporário no estudo formal faz parte de seu amadurecimento.

Entretanto, os adolescentes são mais capazes de compreender a Bíblia, e participarão da aula e até mesmo estudarão sozinhos, *se* essa participação e estudo forem interessantes para eles e tiverem boas razões para tal. Por exemplo, a maioria não vai mais decorar o versículo da lição só porque o professor deseja — ao menos que os pais exijam, e poucos o farão. Mas, se compreenderem o valor pessoal disso e aprenderem a usar a verdade do versículo no dia-a-dia, vão se esforçar em decorar.

Sobrevivendo às Mudanças

Embora o idealismo e as dúvidas do adolescente possam ser ameaçadores para os adultos que trabalham com eles, na verdade, não o são.

Quando os adolescentes manifestarem suas dúvidas e fizerem perguntas sobre Deus e a fé nEle, não se ofenda nem os condene. Em vez disso, faça-os saber que ter dúvidas é um processo natural do crescimento e é normal fazer perguntas. Quando Jesus tinha doze anos, seus pais terrenos "o acharam no templo, assentado no meio dos doutores [professores], ouvindo-os e interrogando-os" (Lc 2.46). Estimule os alunos a seguir o exemplo de Cristo e fazer perguntas dentro e fora da aula.

Dê respostas bíblicas aos alunos, e os ajude a solucionar as dúvidas. (Veja "Ajudando os Alunos a Solucionar as Dúvidas".) Reafirme que Deus ainda os ama e os aceita mesmo quando duvidam dEle. João Batista teve dúvidas de que Jesus fosse o Messias, mas Ele não o condenou (Mt 11.2-6). Em vez disso, fez João se lembrar dos sinais que já havia visto. Até mesmo alguns dos doze discípulos de Jesus duvidaram dEle (Mt 28.17), todavia, posteriormente, tornaram-se grandes líderes da Igreja. Há esperança!

Esteja preparado para conhecer o julgamento que os adolescentes fazem dos outros. Ajude-os a entender que Deus não espera que sejamos cristãos perfeitos enquanto estivermos na terra. Ele deseja, na verdade, que continuemos a nos esforçar em sermos semelhantes a Cristo, e sejamos honestos o bastante para admitir nossa falha, pedir perdão e prosseguir. Quando outros cristãos demonstrarem hipocrisia no que dizem e fazem, é importante que os adolescentes vejam Cristo em nossas palavras e ações. Assim, ajudamos os alunos a melhorar suas atitudes.

Você pode ajudar os adolescentes a se comprometerem em servir a Deus, através de trabalhos de curta duração na igreja. Por exemplo, eles poderiam escrever mensagens para pessoas doentes por alguns sábados. Não espere, contudo, que façam esse trabalho por seis meses, todos os finais de semana.

Aproveite o interesse dos adolescentes por verdades práticas e ação, conduzindo-os à descoberta de meios de aplicar os princípios da Palavra de Deus ensinados na aula. (Veja o capítulo 9.) Para compensar seu interesse decrescente na aula formal, torne as aulas interessantes e divertidas, por meio de uma série de métodos de ensino. (Veja os capítulos 10 e 11.) Os adolescentes não são um auditório cativo de aulas expositivas!

Considerando que os adolescentes respondem prontamente às solicitações de empenho e outras decisões espirituais, tenha cuidado na hora de fazer o apelo. Deixe o Espírito Santo trabalhar, em vez de pressionar decisões ou mexer com emoções. Quando Deus convence do pecado, a decisão será duradoura e não temporária.

Ajudando os Alunos a Solucionar as Dúvidas

1. "Aconselhe de acordo com sua experiência, não com sua capacidade." Partilhe com os alunos as dúvidas que você teve no passado e como foram resolvidas.

2. "Pergunte mais, responda menos." Estimule os alunos a pensarem.
3. "Seja livre e dê liberdade." Conceda aos alunos a liberdade de duvidar.
4. "Ame; não censure aquele que falhou."
5. "Compartilhe a fé, não fórmulas."
6. "Seja questionador." Admita suas próprias dúvidas. Continue a se questionar.

Trent Butler, "To Doubt is to Learn" (Ter Dúvidas É Aprender), *Liderança de Jovens*, abril/junho, 1985, pp. 20,21.

Avaliação

1.	Os adolescentes são idealistas.	V – F
2.	Os adolescentes são voluntários ansiosos para servir ao Senhor.	V – F
3.	Os adolescentes continuam a crer, porque seus pais e professores disseram que devem ter fé.	V – F
4.	A consciência do adolescente é sensível quanto ao pecado, mas nem sempre ele a ouve.	V – F
5.	É mais difícil motivar os adolescentes a fazer as lições da Escola Dominical do que na época em que eram crianças.	V – F
6.	É importante para os professores que os alunos não saibam que pecaram.	V – F
7.	Não se deve permitir que os adolescentes manifestem suas dúvidas ou questionem a Bíblia.	V – F

Respostas: 1. V; 2. V; 3. F; 4. V; 5. V; 6. F; 7. F

PARTE DOIS

Ensinando os Adolescentes

7

Você, o Professor

Qual foi o professor mais marcante da sua vida? Ele ou ela pode ser um(a) professor(a) da Escola Dominical, do Ensino Fundamental, do Ensino Médio ou da universidade. Não importa quem seja; pense alguns minutos nessa pessoa. Por que você se lembrou dele ou dela como sendo marcante? De quais peculiaridades e ações você se recorda? Aquele professor o influenciou de uma maneira positiva ou negativa?

Professores são pessoas importantes em nossas vidas. Sua influência para o bem ou o mal é poderosa, especialmente na Escola Dominical. Minha professora da classe de juniores da Escola Dominical foi a mais notável de minha vida. Ela se interessava por mim individualmente e me tratava como uma pessoa importante, embora eu fosse apenas uma criança tímida. Zelava tanto por mim que chegou a convidar toda a minha família para jantar em sua casa. Além disso, acreditava que Deus me usaria de uma grande forma. (Estava convencida de que eu seria missionária no exterior, mas Deus nunca me conduziu nessa direção.) Como resultado de seu amor e interesse, aceitei ao Senhor como meu Salvador pessoal.

Meu professor da classe de adolescentes não teve qualidades memoráveis, nem positivas, nem negativas. Na verdade, não me lembro sequer se essa pessoa era um homem ou uma mulher! O professor da classe de jovens foi o catalisador de meu desligamento da Escola Dominical e da igreja por dois anos, porque sua aula era maçante, inútil e uma perda de tempo — pelo menos na opinião de uma adolescente.

Você pode ser o professor do qual os adolescentes se recordam de uma maneira positiva. Este capítulo enfoca vários fatores que ajudarão a formar um professor eficaz para o Senhor.

O Dom de Ensinar

Embora todos os cristãos sejam professores (Cl 3.16; 2 Tm 2.2), alguns receberam o dom de ensinar. O capítulo 12 da Carta aos Romanos nos diz que cada membro do Corpo de Cristo tem, pelo menos, um dom especial para ser usado na obra do Senhor, realizada por meio da Igreja, o Corpo de Cristo. Afirma, ainda, que devemos ser diligentes no uso desses dons para a glória de Deus. Um desses dons é o de ensinar (v. 7). O que é esse dom de ensinar e como saber se você o recebeu?

Definição. O dom de ensinar é uma capacidade sobrenatural para explicar com clareza e aplicar eficazmente a verdade da Palavra de Deus. Assim como os outros dons, é dado pelo Espírito Santo, após a salvação, de acordo com sua vontade soberana, e não conforme nosso desejo. Deus o concede aos crentes, os quais, por sua vez, promovem a edificação do Corpo de Cristo. (Leia 1 Co 12.1-11.)

Esse dom não se confunde com o talento natural, embora possa ter alguns elementos dele. É um dom espiritual. Se alguém ensina, mas não recebeu esse dom do Espírito Santo, seu ensino não será totalmente eficaz e ele não verá os resultados espirituais, ao contrário daquele que possui o dom.

A Descoberta. Há muitas formas de descobrir ou confirmar se você tem o dom de ensinar. Uma das maneiras mais importantes é *orar*. Peça a Deus, que concede o dom, para lhe mostrar se você o recebeu ou não.

Outro passo igualmente importante é *ensinar*. É impossível saber se você tem o dom de ensinar, se não der uma aula. Apresente-se como voluntário para ensinar uma classe por, pelo menos, quinze minutos, a fim de verificar o resultado. Também tente trabalhar com grupos de diferentes idades. Algumas pessoas têm mais facilidade para trabalhar com determinada faixa etária. Eu, por exemplo, quando era professora substituta, convenci-me de que não tinha o dom. Entretanto, quando concordei em pegar uma classe por pelo menos seis meses, Deus mostrou-me que eu tinha o dom de ensinar. Quando trabalhei com crianças, foi um desastre total. No entanto, quando me concentrei em adolescentes e adultos, principalmente nos jovens adolescentes, o Senhor confirmou que eu havia recebido o dom.

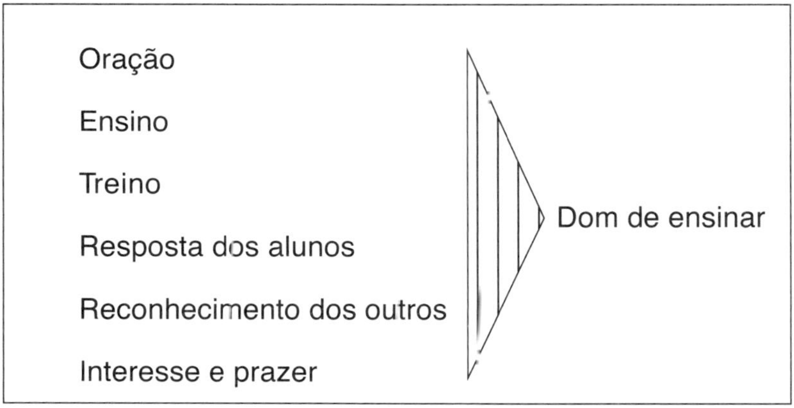

Outro auxílio para descobrir o dom de ensinar é o *treino*. Você não pode saber se tem o dom se não praticá-lo. Aulas de treinamento para professores, convenções, seminários e a leitura de livros como este ensinam a usar o dom com eficácia.

Preste atenção à *resposta dos alunos*. Aqueles que receberam o dom verão resultados nas vidas de seus alunos. Eles vão gostar de freqüentar as aulas, de estudar a Bíblia juntos e de passar um tempo com seu professor. Crescerão espiritualmente à medida que forem estimulados e orientados a aplicar as verdades bíblicas em seu dia-a-dia. (O fato de que o crescimento espiritual e a formação de relacionamentos demandam tempo é um incentivo para ensinar por mais algumas semanas. Assim, você terá mais tempo para descobrir se recebeu o dom.)

A quinta indicação é o *reconhecimento dos outros.* Além da resposta positiva de seus alunos, outras pessoas que observam a aula e suas habilidades reconhecerão que Deus lhe concedeu o dom de ensinar sua Palavra. *Interesse* pessoal é outro indicativo. Você gosta de ensinar ou é pura agonia? Deus quer que tenhamos prazer em sua obra; não devemos fazer nada por obrigação ou culpa.

Através da combinação de todos esses fatores, e não apenas de um ou dois deles, é possível saber se você recebeu ou não o dom de ensinar.

Preparação Pessoal

O professor eficaz é um professor preparado, não apenas no sentido de levar os alunos a descobrirem as verdades bíblicas e sua aplicação na vida diária, mas também concernente à sua vida pessoal.

Crescendo na Vida Cristã. A disciplina, que produz crescimento espiritual, deve fazer parte do seu estilo de vida. É uma disciplina básica, mas muito importante. Primeiro, você deve ser uma pessoa que dedica um tempo ao Senhor, mediante o estudo bíblico e a oração. Um professor não pode viver às custas de verdades de segunda mão, armazenadas de sermões e livros, e de orações feitas às pressas momentos antes de adormecer. A oração e o estudo pessoal da Bíblia precisam estar no topo de suas prioridades.

O resultado dessa disciplina é a obediência, que leva o indivíduo a exibir uma vida condizente com a verdade de sua Palavra. A passagem de 1 Pedro 5.2,3 se aplica tanto aos professores de Escola Dominical como aos anciãos: "Apascentai o rebanho de Deus que está entre vós, tendo cuidado dele, não por força, mas voluntariamente; nem por torpe ganância, mas de ânimo pronto; nem como tendo domínio sobre a herança de Deus, mas servindo de exemplo ao rebanho".

Conhecimento Bíblico. Professores eficientes são estudantes da Palavra de Deus. Não se exige que você conheça todos os ensinamentos bíblicos, mas também não pode ser ignorante em relação à Bíblia. Freqüentar estudos bíblicos e aulas, ler comentários e livros de estudo e fazer cursos por correspondência o ajudarão a aumentar seu conhecimento sobre as verdades bíblicas. Essas atividades, contudo, não devem substituir a leitura da Bíblia.

Desenvolvimento da Capacidade de Ensinar. Além do crescimento na vida espiritual e do conhecimento bíblico, professores eficazes desenvolvem o dom de ensinar, concedido por Deus. Através de aulas de treinamento, seminários e leitura, você pode aumentar sua compreensão sobre os adolescentes, aprender novos métodos e se tornar um melhor comunicador da Palavra de Deus. Se você é um professor, faça o melhor que puder. (Leia Rm 12.3-8.)

Disciplina. A eficiência e a disciplina caminham de mãos dadas. Professores eficientes sabem ordenar seus horários e prioridades, a fim de que estejam bem preparados para ensinar e adquirir afinidade com os alunos. Se quiser fazer o melhor para o Senhor, não pode esperar até a noite de sábado para preparar a aula e nem ter contato com os alunos somente durante a Escola Dominical.

O Relacionamento com os Alunos

Para ter um impacto positivo sobre os adolescentes, você precisa dedicar tempo para construir o relacionamento com eles. Há quatro ferramentas básicas para construir o tipo de relacionamento que leva os alunos a respeitarem e a ouvirem o professor, enquanto ele os ensina a obedecer a Palavra de Deus.

Amor. Quando as pessoas pensam no professor mais querido de suas vidas, quase sempre mencionam atitudes que são demons-

1 Coríntios 13 e o Professor de Escola Dominical

1. Ainda que eu falasse a língua dos meu alunos e não tivesse amor, seria como o giz que range ou um pai que grita.
2. E ainda que eu tivesse o dom de ensinar e conhecesse a Bíblia inteira e todos os métodos criativos, e ainda que fosse capaz de falar das Escrituras todos os dias para os meus alunos, e não tivesse amor, nada seria.
3. E ainda que planejasse reuniões sociais, e visitasse a casa de cada aluno, e não tivesse amor, nada disso me aproveitaria.
4. O amor é paciente com alunos que são lentos, e gentil com aqueles que me irritam; o amor não tem inveja de professores de classes grandes; o amor não se ensoberbece com a freqüência perfeita de meus alunos; não tem orgulho de minhas boas idéias.
5. Não grita com alunos indisciplinados, não é egoísta com minha classe ou equipamento, não se irrita quando a reunião de abertura se prolonga muito, tem uma vida pura e exemplar;
6. Não exulta com o pecado na vida de outros professores, mas fica feliz quando eles e os alunos agem corretamente;
7. Permanece quando ensinar se torna difícil, acredita que Deus opera através de mim, tem confiança na capacidade de meus

trações de amor. Os adolescentes, principalmente, lembram-se das manifestações de amor que receberam. São atraídos como ímãs pelos adultos que falam e expressam o amor em sua relação com eles. Por conseguinte, precisamos amar nossos adolescentes quando atrapalham a aula, diminuem alguém e até mesmo quando se afastam do Senhor. Devemos amá-los da forma como são agora e não da forma como gostaríamos que fossem. Devemos amá-los de verdade, pois os adolescentes sempre conseguem identificar atitudes hipócritas.

alunos, suporta a junção das classes na última hora, quando falta um professor.

8. Pode-se valer do amor em todo o tempo; mas, havendo audiovisuais, serão aniquilados; havendo histórias animadas, cessarão; havendo núcleos de ensino, desaparecerão.
9. Porque em parte conheço meus alunos e, em parte, eu leciono;
10. Mas, quando vier o que é perfeito, então, o meu ensino em parte será aniquilado.
11. Quando eu era professor, repreendia constantemente, desconhecia o processo de aprendizagem, pensava que meus alunos vinham estudar impacientes; mas, logo que me tornei um professor mais experiente, acabei com os métodos ineficazes.
12. Porque, agora, vejo meus alunos por espelho em enigma; mas, então, os verei como realmente são; agora, os conheço em parte, mas, então, os conhecerei como também sou conhecido.
13. Agora, pois, permanecem a fé de que Deus trabalha na vida dos meus alunos, a esperança de que cresçam como cristãos e o amor por eles como são. No entanto, o maior destes três é o amor.

Paráfrase da autora publicada em *Key to Christian Education* (A Chave para a Educação Cristã), Primavera de 1980.

Essa qualidade é tão importante em nossa vida cristã, que Paulo escreveu aos coríntios que quaisquer habilidades e dons que tivermos (inclusive o de ensinar) ou qualquer sacrifício que fizermos (como uma vigília com os alunos) serão inúteis, se não houver amor. Então, ele descreveu como age o amor verdadeiro (1 Co 13). Leia "1 Coríntios 13 e o Professor de Escola Dominical", uma paráfrase daquela passagem voltada para professores. Enquanto estiver lendo, avalie se o seu amor está à altura.

Ouvir. Os adolescentes estão cercados de adultos que conversam com eles e lhes dizem o que fazer, mas que raramente os ouvem. Você pode — e deve — ser a exceção. Preste atenção ao que querem dizer enquanto falam, lembrando-se sempre do velho ditado:

> ***Eu sei que você acredita ter entendido o que você pensa que eu disse, mas eu não tenho certeza se você sabe que o que ouviu não é o que eu queria dizer!***

Fique atento às pistas verbais e também às não-verbais. Observe a linguagem do corpo, expressões e atitudes. O que dizem sobre seus sentimentos? Contradizem suas palavras?

A forma *como* você ouve é tão importante quanto a reserva do tempo para ouvi-los. Dê ao aluno toda a sua atenção, olhando-o nos olhos. Aprenda a não julgar e a não se chocar com o que ouve. Os adolescentes gostam de contar coisas chocantes aos adultos, apenas para ver a sua reação, antes de confiar-lhes os verdadeiros problemas. Vitor, por exemplo, disse que não acreditava mais em Deus. Mas seu real problema consistia no fato de ter sido malsucedido na prova para a qual não estudou, e por Deus não haver lhe dado as respostas milagrosamente quando orou pedindo ajuda.

Seja um Amigo. Os adolescentes são influenciados pelos relacionamentos; valorizam a amizade com adultos que mostram interesse particular neles, especialmente fora de ambientes formais, como a classe da Escola Dominical. Estudos revelaram que a eficácia do ensino dobra quando o professor adquire afinidade com seus alunos fora da classe, mesmo não tendo realizado mudanças em sua forma de lecionar durante a aula. Quanto mais próximos forem os relacionamentos, maior será o impacto sobre os seus alunos.

Uma de minhas alegrias ao ensinar adolescentes se resume às amizades que se formam. Em reuniões sociais da igreja, sempre me procuram. Mesmo depois que saem do departamento de adolescentes, nas manhãs de domingo, eles param perto da minha sala de aula para um bate-papo de alguns minutos. Muitos deles continuam sendo bons amigos, agora que são adultos.

Diga Coisas Boas. Sempre que possível, diga coisas boas aos seus alunos. Manifeste sua alegria por sua presença e ajuda, cumprimente-os por suas realizações e freqüência fiel; seja positivo ao corresponder às suas contribuições na classe. Esta postura edifica sua auto-estima e demonstra aos alunos que você se importa com cada um deles.

O ponto fundamental do magistério são os relacionamentos que você constrói com os alunos. Daqui a dez anos, eles não se lembrarão muito do que você disse. Mas se recordarão do tipo de pessoa que você foi. Seus alunos vão se lembrar de você como alguém que os amou, lhes dedicou seu tempo e os considerava importantes?

> ***Você ensina um pouco com as palavras.***
> ***Você ensina muito com seu comportamento.***
> ***A parte mais importante da lição é o professor por trás dela.***
>
> Henrietta Mears

Compilado por Eleanor L. Doan. *431 Quotes from the Notes of Henrietta C. Mears* (431 Citações dos Apontamentos de Henrietta C. Mears), 1970, pp. 36,46.

Avaliação

1. O professor, para ser mais eficiente, precisa ter o dom de ensinar. V – F
2. O dom de ensinar equivale à capacidade natural de trabalhar com pessoas e ensiná-las. V – F
3. Se alguém quer ser professor, provavelmente tem o dom de ensinar. V – F
4. Quem recebeu o dom de ensinar não precisa de treinamento. V – F
5. Professores eficientes têm disciplina para estudar e obedecer a Palavra de Deus, além de colocarem o ensino como prioridade em sua agenda. V – F
6. Os professores impressionam os alunos mais por seu relacionamento com eles, do que pela maneira formal de ensinar na Escola Dominical. V – F
7. Os professores precisam ter amor abundante por seus alunos. V – F

Respostas: 1. V; 2. F; 3. F; 4. F; 5. V. 6. V; 7. V.

8

Princípios do Ensino e do Aprendizado

Oito adolescentes, vestidas com a melhor roupa de domingo, se esparramaram pelo chão da sala de aula. Construíram objetos com peças de montar, colaram figuras e palavras em uma grande folha de papel, e fizeram desenhos simples em um cartaz. Enquanto isso, conversavam o tempo inteiro. O professor se assentou no chão e observava, ocasionalmente, perguntando e respondendo. Quando Alice se aproximou para pegar os relatórios, estava convencida de que as alunas não poderiam estar aprendendo a Bíblia. Afinal, os alunos devem se sentar e ouvir o professor enquanto ensina na Escola Dominical.

Atravessando o corredor, sete adolescentes, vestindo camisa e gravata, sentados inquietos em duas fileiras retas, de frente para o professor. Apenas este falava; explicava ao grupo o que a passagem bíblica dizia. Quando Alice pegou o pacote de relatórios no lado de fora, teve certeza de que ao menos um adolescente estava aprendendo.

Alice estava certa? Os garotos aprendiam enquanto as garotas perdiam tempo? Enquanto você lê este capítulo, compare suas idéias atuais com a seguinte definição e princípios do processo ensino/aprendizado.

Definição

Ao contrário do que Alice pensa, ensinar não significa apenas informar, embora isso também faça parte do processo. Reflita sobre as definições abaixo:

Ensinar é proporcionar e estimular o aprendizado eficaz.

Aprender é crescer ou substituir informações, atitudes e/ou comportamento.

Em outras palavras, ensinar significa orientar os alunos a descobrirem por si mesmos a Palavra de Deus, seu significado e como aplicar essas verdades no dia-a-dia. O professor se torna um recurso e um guia, em vez de ser um mero distribuidor de informações. Ele ou ela cria um tipo de ambiente em que os alunos podem descobrir e aprender. O aprendizado acontece quando os estudantes praticam as verdades que encontraram na Bíblia, implicando, enfim, mudança de comportamento. O estudante entra na Bíblia e a Bíblia entra no estudante.

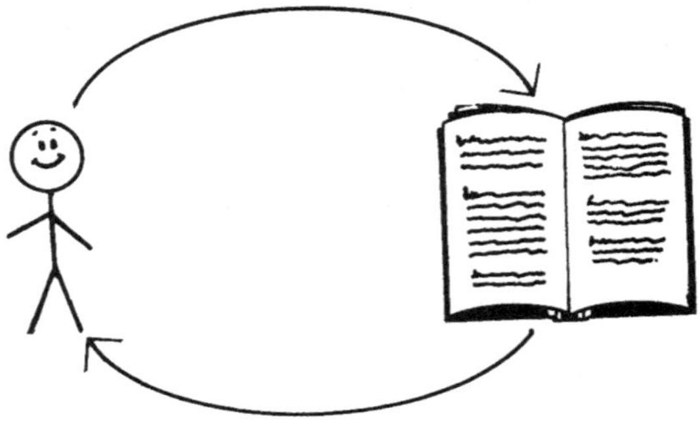

Há vários princípios ou diretrizes para serem levados em consideração, com o intuito de ajudar os adolescentes a aprender ou crescer. Eles estão explanados abaixo. O assunto dos próximos três capítulos aborda como traduzir esses princípios em uma aula.

PRINCÍPIO Nº 1

Mostre aos alunos a Bíblia como autoridade definitiva

Vivemos em uma sociedade com pouquíssimos padrões e valores. Tudo o que as pessoas sentem vontade de fazer é correto, desde que não desobedeçam à lei e sejam presos. Parece que as pessoas têm sua própria lei, sem qualquer autoridade externa para lhes dizer o que é certo ou errado. Em meio a este relativismo, faz parte da responsabilidade do professor ensinar aos adolescentes que a Bíblia é a autoridade final em relação à opiniões e práticas.

A fim de ensinar essa verdade com eficácia, você deve orientá-los a aprender sozinhos o que a Palavra de Deus nos diz para fazer, em vez de meramente narrar o que a Bíblia fala. Um dos maiores perigos da aula expositiva para adolescentes é o fato de que eles se sentem responsáveis somente em relação ao professor e não em relação a Deus — se é que se sentem responsáveis de alguma forma.

Uma de suas metas como professor deve ser ensinar seus alunos a estudar a Bíblia sozinhos e a encontrar respostas para seus problemas na Palavra de Deus, sem ter sempre que confiar em outra fonte de informação e orientação. (Não estou sugerindo que pessoas, inclusive professores, e outros livros não sejam úteis, mas a autoridade definitiva quanto à decisões e ações é a Bíblia.)

PRINCÍPIO Nº 2

Relacione a Bíblia com as necessidades e experiências do adolescente

A Bíblia não é um livro enfadonho e empoeirado, escrito séculos atrás, sem importância para os adolescentes modernos. Pelo contrário, é surpreendentemente atual e contém muitas orientações para os problemas com os quais estão lidando. É sua função, como professor, ajudar os alunos a unir o que você ensina aos seus estilos de vida. O relato "O Grito não Ouvido", descrito a seguir, realça a importância dessa ajuda.

A maioria das pessoas no mundo hoje estão silenciosamente gritando: "VOCÊ NÃO VÊ QUE EU PRECISO DE AJUDA?" Em todas as classes há gente com problemas. Uma professora de escola pública relatou recentemente que há cada vez mais problemas relacionados à família, até mesmo entre os pequeninos, seguindo a mesma proporção do crescente número dos lares desfeitos. Os adolescentes defrontam-se com a perplexidade, a confusão e problemas graves freqüentes.

Pode um professor de Escola Dominical ficar satisfeito somente em "ensinar a lição"? O ensino deve ser personalizado. O professor deve conhecer profundamente os membros de sua classe. Deve ensinar levando em conta os conhecimentos, os interesses e as necessidades dos alunos. Jesus agiu assim. Sua tática de ensino era uma para o incrédulo Tomé e outra para o hesitante Pedro. Seu método de ensino para os discípulos entristecidos era diferente daquele empregado em relação aos comerciantes que trabalhavam no templo.

A lição bíblica deve ser ensinada — isso é certo. A Bíblia tem as respostas — isso é verdade. Mas a função do professor é a de mostrar como a Bíblia tem respostas para a vida individual de cada aluno, considerando seus conhecimentos, interesses e necessidades particulares.

O seguinte testemunho de uma professora de adolescentes deveria fazer qualquer professor zeloso parar e avaliar o seu trabalho: "Sou professora do Ensino Médio há dez anos. Durante esse tempo, dei aulas para um assassino, um evangelista, um boxeador, um ladrão e um deficiente mental, entre outros.

O assassino era um garotinho quieto que se assentava na carteira da frente, com olhos azuis abatidos; o evangelista, o menino mais popular da escola, já demonstrava liderança nas brincadeiras com as crianças; o boxeador se sentava próximo à janela e soltava uma gargalhada rouca que assustava até mesmo os gerânios; o ladrão era um farrista de ânimo alegre com uma canção em seus lábios; e o deficiente, um animalzinho de olhos meigos procurando a escuridão.

O assassino aguarda a morte em uma penitenciária estadual; o evangelista morreu há um ano; o boxeador perdeu um olho em uma briga em Hong Kong; o ladrão, se ficar nas pontas dos pés, consegue ver, da cadeia municipal, a janela do meu quarto; o deficiente, antes pequeno e de olhos dóceis, bate sua cabeça contra a parede acolchoada de um manicômio estadual.

Todos esses alunos já estiveram em minha sala de aula; sentavam-se e me olhavam solenemente através de velhas carteiras marrons. Devo ter sido uma grande ajuda para aqueles alunos — ensinei-lhes a forma das rimas do soneto elisabetano e como fazer o esquema de uma dissertação complexa."

Você pode ter a atenção de sua classe domingo após domingo, mas ignora seus gritos silenciosos de ajuda naquele dia e naquela semana. A Palavra de Deus é relevante para as pessoas de hoje que vivem neste mundo complexo? Se você souber que é, torne-a importante para as necessidades de seus alunos.

"The Unheard Cry" (O Grito não Ouvido), publicado na revista *Sucesso*, Accent Publications.

PRINCÍPIO Nº 3

O aprendizado começa com o interesse

Assim como os adultos, os adolescentes geralmente não correspondem bem aos assuntos e situações em que não tenham interesse ou motivação. Considerando que a participação na Escola Dominical é voluntária, ainda que os pais façam os adolescentes freqüentarem as aulas, é vital estimular a curiosidade dos alunos e cativar seu interesse logo nos primeiros minutos. Caso contrário, seus corpos estarão presentes, mas suas mentes, entregues a outros interesses. O capítulo 9 ensina como prender a atenção dos alunos.

PRINCÍPIO Nº 4

O aprendizado é diretamente proporcional ao envolvimento

Aprender não é um trabalho inerte. Infelizmente, alguns professores de Escola Dominical o consideram como tal e esperam que seus adolescentes sentem-se calmos e absorvam todas as informações transmitidas. Como alguém já disse, "se falar fosse o mesmo que ensinar, todos nós seríamos tão espertos que não conseguiríamos suportar". Embora a comunicação deva fazer parte do ensino, a "inteligência" vem com a compreensão. Esta, por sua vez, é robustecida pela atividade — envolvimento. Como diz um velho ditado:

Eu ouço e esqueço,
Vejo e me lembro,
Faço e compreendo.

Ouvi um líder de seminário descrever a necessidade de envolver os alunos na descoberta das verdades bíblicas, denominando a situação oposta como um ensino do tipo "caminhão basculante evangélico". Durante a semana inteira, ele disse que os professores extraem pérolas do seu estudo bíblico e da revista de professores. Depois, eles colocam todas essas jóias em um caminhão basculante, deixam-nas rolando na Escola Dominical, e as descarregam sobre os alunos. E as crianças dizem "oba!" e saem da mesma forma como chegaram.

Quando os alunos começam a estudar a Bíblia por si mesmos, adquirem o domínio das verdades da Palavra de Deus. Então, reconhecerão a responsabilidade de praticar essas verdades e chegarão ao fim sem fraquejar. Conseqüentemente, consolida-se o aprendizado.

PRINCÍPIO Nº 5

Aprender significa mudar de vida

Aprender é muito mais do que adquirir conhecimento dos fatos bíblicos. Significa ser transformado por estas verdades. Quando o aprendizado acontece, há mudança de conhecimentos, posturas e ações.

Antes de Jesus Cristo ascender ao céu, deixou instruções aos seus discípulos, que foram chamadas de a Grande Comissão: "É-me dado todo o poder no céu e na terra. Portanto, ide, ensinai todas as nações, batizando-as em nome do Pai, e do Filho, e do Espírito Santo; ensinando-as a guardar todas as coisas que eu vos tenho mandado; e eis que eu estou convosco todos os dias, até à consumação dos séculos" (Mt 28.18-20).

A ênfase no grego não se concentra em ir, mas em fazer discípulos. Parte do processo de discipulado se traduz em ensinar as pessoas a observar ou obedecer os mandamentos de Deus. Como ouvimos na igreja: *Aprender é obedecer à Palavra de Deus, o que requer uma mudança no modo de vida, nos pensamentos e ações ditadas pela velha natureza.* Quanto mais alguém aprende as verdades da Bíblia, mais ele ou ela pensa e age como Jesus. Em todo esse processo, Jesus está presente, ajudando as pessoas a experimentarem mudança de vida.

PRINCÍPIO Nº 6

O aprendizado resulta da identificação

Muito do que os alunos aprendem — e conseqüentemente fazem — provém da observação das pessoas, inclusive dos professores. Portanto, é imperativo que você viva as verdades que ensina. Como Cristo disse: "O discípulo [aluno] não é superior a seu mestre [professor], mas todo o que for perfeito [depois de haver aprendido plenamente o que lhe foi ensinado] será como o seu mestre" (Lc 6.40).

Mesmo que você não perceba, está reproduzindo sua vida na vida de seus alunos. Quando a aula termina, saem com uma parcela de você — positiva, negativa ou ambas. Em alguns aspectos, é uma responsabilidade assustadora. No entanto, também é um privilégio maravilhoso ser semelhante a Jesus e saber que outras pessoas o seguem, porque observam a sua conduta.

O que os alunos estão aprendendo com a sua vida?

PRINCÍPIO Nº 7

Aprender deve ser agradável

Estudar a Palavra de Deus não deveria ser algo suportável. Pelo contrário, o professor deve tornar o aprendizado uma experiência prazerosa. Como alguém disse: "É pecado entediar uma criança com a Bíblia". Os efeitos são devastadores. A Palavra de Deus é importante demais para ser tratada como um remédio amargo ou uma vacina dolorosa.

Se os adolescentes gostarem de estudar a Bíblia na Escola Dominical, desenvolverão um amor por Deus e por sua Palavra para o resto de suas vidas e terão uma vida agradável ao Senhor.

PRINCÍPIO Nº 8

O ensino e o aprendizado dependem do Espírito Santo

Sem a operação do Espírito Santo no professor e nos alunos, não haverá aprendizado das verdades bíblicas. Ele é o verdadeiro Mestre. Paulo destacou a importância do Espírito Santo, como nosso professor, quando escreveu da seguinte forma aos coríntios: "Mas nós não recebemos o espírito do mundo, mas o Espírito que provém de Deus, para que pudéssemos conhecer o que nos é dado gratuitamente por Deus. As quais também falamos, não com palavras de sabedoria humana, mas com as que o Espírito Santo ensina, comparando as coisas espirituais com as espirituais" (1 Co 2.12,13).

O Espírito Santo é parte integrante do ensino e do aprendizado:

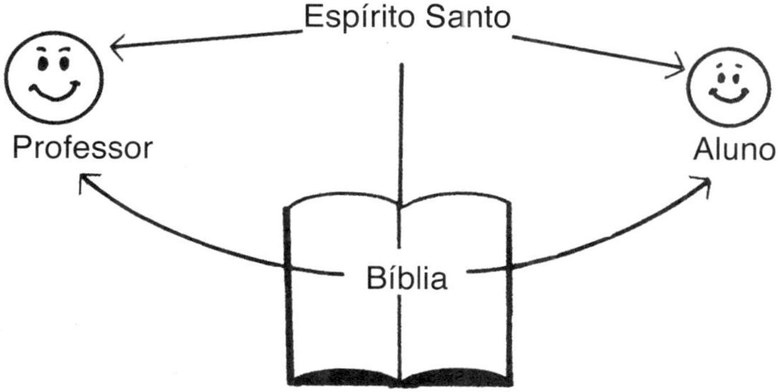

Ele ajuda o professor a:

- Compreender a passagem bíblica, objeto da lição, e praticá-la;
- Identificar e relacionar as necessidades dos alunos com aquela passagem;
- Escolher métodos que propiciem a compreensão dos alunos e a aplicação das verdades bíblicas;
- Orientar os alunos em seu aprendizado.

Em relação aos alunos, o Espírito Santo:

- Prepara-os para serem receptivos às verdades que serão estudadas;
- Ajuda-os a entenderem a passagem bíblica;
- Aponta os modos específicos através dos quais podem e devem aplicar a Palavra de Deus;
- Dá-lhes forças para praticarem os princípios bíblicos durante a semana.

Avaliação

1. Ensinar é guiar os alunos a descobrirem por si mesmos. V – F
2. Aprender significa conhecer mais fatos bíblicos. V – F
3. No final da aula, os alunos devem ter o desejo de obedecer a Deus, porque o professor lhes ensinou assim. V – F
4. Para promover o crescimento, o professor deve ajudar os alunos a relacionarem as verdades bíblicas com suas necessidades e circunstâncias particulares. V – F
5. Se o aluno se interessa, terá mais probabilidade de aprender. V – F
6. O envolvimento físico e mental é necessário para o aprendizado. V – F
7. Quando o aluno compreende uma verdade bíblica, ele a pratica e sua vida é transformada. V – F
8. O estudo da Bíblia deve ser agradável. V – F
9. Os professores não necessitam da obra do Espírito Santo para que os alunos aprendam. V – F

Respostas: 1. V; 2. F; 3. F; 4. V; 5. V; 6. V; 7. V; 8. V; 9. F

9

A Preparação da Lição

Os escoteiros não entram em apuros em razão do lema: "Esteja preparado". Este também deve ser o lema de todo professor de Escola Dominical. A preparação eficiente da lição com a ajuda do Espírito Santo é uma das melhores garantias do ensino que produz crescimento na vida dos alunos.

O Esboço da Lição

Preparar a lição assemelha-se a planejar uma viagem de férias. Quando eu e meu marido estamos de férias, não entramos meramente no carro e vamos a qualquer lugar. Em vez disso, escolhemos o lugar e como chegar lá; ponderamos quanto tempo vai levar, onde parar durante o caminho e se é necessário fazer reservas em hotéis próximos à estrada. O esboço da lição lhe dá o mesmo tipo de direção específica, evita perdas de tempo, garante que você tenha todos os materiais e equipamentos de que precisa e proporciona segurança.

Conteúdo. O esboço da lição deve incluir os seguintes itens:

- Bíblia – Quais as passagens principais, textos relacionados e o versículo para decorar?
- Meta – O que você deseja realizar?
- Pré-aula – O que farão os alunos que chegam cedo?
- Introdução – Como você prenderá a atenção dos alunos no início da aula?
- Estudo bíblico – O que a passagem diz e o que significa?
- Aplicação – Como os adolescentes podem praticar as verdades estudadas e o que cada um fará durante a semana?
- Controle do tempo – Quanto tempo cada item deve tomar?
- Materiais necessários – De que materiais e equipamentos você necessita?

O próximo item desenvolve o tema acima.

Procedimento

Inicie no começo da semana. Não é prematura a preparação da próxima aula já na tarde ou noite de domingo; quarta-feira é tarde demais. Reunir idéias, ser criativo e praticar o que você ensina demanda tempo.

Reserve um horário. Programe horários definidos para a preparação da lição e reserve tempo suficiente, cerca de três a seis horas. Se você deixar para preparar a lição quando tiver um tempo livre, provavelmente não conseguirá tê-lo até a noite de sábado.

Ore pedindo sabedoria e ajuda divinas durante a preparação. Ore para que os alunos estejam presentes e receptivos à verdade exposta na lição. Ore pela aula, a fim de que o estudo seja proveitoso e os problemas mínimos.

Estude. Antes de ler a revista do professor, estude a passagem bíblica e relacione os textos através das seguintes perguntas:

- O que diz a passagem bíblica? (passo da observação)
- O que ela significa? (passo da interpretação)

- O que significa para mim? Para meus alunos? (passo da aplicação)

Os livros de consulta relacionados no item *Recursos* deste capítulo o ajudarão a estudar e a interpretar. Ler primeiramente a revista do professor não permite que você descubra, por si só, as verdades bíblicas.

Depois de fazer o seu próprio estudo, leia a revista do professor e consulte os comentários, se necessário. Também leia a revista do aluno e faça as atividades.

Depois, faça o seguinte:

Especifique as necessidades. Pergunte-se: Quais as necessidades dos meus alunos — gerais dos adolescentes ou específicas do indivíduo — que esta passagem bíblica ou assunto satisfaz? Obviamente, nem todas as partes das Escrituras ou seus assuntos satisfarão as necessidades dos alunos, mas deve haver ao menos um ponto de intersecção.

Determine sua meta. A meta é um objetivo que você planeja para seus alunos realizarem, como conseqüência do estudo bíblico. Ela brota da necessidade dos alunos e da matéria bíblica, determina o conteúdo a ser incluído e orienta na escolha dos métodos.

Leia a meta na revista do professor, localizada no início da lição. Decida se ela vai ao encontro das necessidades dos alunos. Caso contrário, determine uma nova meta e baseie o resto do seu esboço nela, escolhendo alguns dos itens da revista para alcançá-la.

Se for necessário reelaborá-la, tenha em mente que uma boa meta possui três qualidades: 1) resumida o suficiente para ser lembrada no momento em que você prepara e ensina a lição; 2) clara o suficiente para ser escrita; e 3) específica o bastante para ser realizada, de modo que você consiga averiguar se a atingiu ou não. Tenha cuidado, todavia, em ser específico demais; a meta precisa ser flexível o bastante para que o Espírito Santo fale aos indivíduos.

Uma boa meta também possui três partes, que estão intimamente relacionadas: 1) conhecimento do conteúdo bíblico; 2) desejo de praticar esse conhecimento; e 3) aplicação dessa verdade, dentro do tempo limite de uma semana. Considerando que o objetivo final do ensino é a transformação de vidas, a ênfase deve ser na mudança.

A seguir, um exemplo de meta para adolescentes, em Êxodo 20.12, a respeito do quinto dos Dez Mandamentos:

Eu quero que meus alunos
SAIBAM – Deus nos manda honrar e obedecer aos nossos pais
DESEJEM – honrar e obedecer aos seus pais
FAÇAM – honrem e obedeçam aos seus pais desta semana em diante

Observe que cada parte tem um estilo semelhante para facilitar a lembrança e que o terceiro item (FAÇAM) deixa espaço para que o Espírito Santo aja em cada indivíduo.

Desenvolva a lição. Usando a revista do professor como guia, selecione o conteúdo e os métodos para cada item do esboço da lição — introdução, estudo da Bíblia e aplicação. Calcule o tempo necessário para cada atividade e o ajuste ao período de aula.

Comece com o estudo bíblico, durante o qual você ensinará os alunos a descobrir o que a passagem diz e o seu significado, com o intuito de alcançar a primeira parte da meta (SAIBAM). No currículo da Accent Publications, o estudo bíblico é chamado de "transmitindo a lição". Se você alterou ou mudou a meta contida na revista do professor, é necessário reformular o estudo, riscando ou adicionando itens às sugestões da revista. Avalie também os métodos apresentados. Eles são apropriados para a sua classe? Por exemplo, se a revista do professor recomenda a organização de pequenos grupos para estudo de várias passagens bíblicas e você tiver apenas três alunos, será necessário outro método. Considerando que o aprendizado é proporcional ao envolvimento, programe atividades que envolvam os alunos o máximo possível.

Depois, desenvolva a aplicação do assunto. A revista do professor fornece sugestões de como aplicar os princípios e mandamentos estudados na(s) passagem(ns) bíblica(s). Novamente lembrando, se você mudou a meta da revista, será necessário reformular a aplicação. No exemplo acima, relativo à meta para Êxodo 20.12, você pode pedir que os adolescentes sugiram maneiras específicas de honrar e obedecer aos pais, colocando as respostas no quadro-negro ou em uma transparência.

Baseado em possíveis aplicações, estimule os alunos a escolher atividades em que possam pôr em prática a verdade bíblica estudada. Esta é a terceira parte da meta (FAÇAM). É melhor que os alunos escrevam as atividades para não esquecerem. Às vezes, há um espaço na folha de atividades específico para esse fim. Não se esqueça de conversar com os alunos durante a semana e no domingo seguinte para descobrir como se saíram — e encorajá-los a continuar, sem esmorecer.

Finalmente, volte à parte da introdução. A revista do professor geralmente inclui sugestões para prender a atenção dos alunos bem no começo da aula. Veja se a sugestão da revista prenderá a atenção dos *seus* alunos. Caso contrário, planeje uma atividade com esse objetivo, a fim de que você possa entrar naturalmente no estudo bíblico. Uma frase de transição ou algumas declarações devem ligar a introdução ao estudo da Bíblia.

Se for necessário mudar a atividade introdutória, as seguintes sugestões funcionam bem com adolescentes: cantar uma canção; examinar uma figura ou cartaz; fazer uma pergunta; estudar um determinado caso; responder a afirmações concordantes/discordantes; ouvir diálogos ou monólogos; fazer charadas, definir e descrever uma palavra no quadro-negro, usando um assunto da lição; fazer montagens ou projetar em papel adesivos para carros.

Planeje a pré-aula. Em vez de perder tempo antes do início oficial da aula, programe atividades específicas com os alunos que chegam cedo. É uma oportunidade de conhecê-los melhor, trabalhar em um projeto de classe, revisar versículos já memorizados, ou verificar as tarefas, etc.

Faça uma cópia final do esboço definitivo na metade de uma folha de papel, para que caiba dentro da sua Bíblia e seja mais cômodo. Inclua as diretrizes de tempo para mantê-lo dentro do horário. Nunca leve a revista do professor para a classe; dá a impressão de que você não está preparado e de que vai ensinar sobre uma revista e não sobre a Bíblia.

Reúna materiais. Faça uma lista de todos os materiais e equipamentos necessários no início ou no final do esboço. Depois, reúna-os e coloque-os juntos para serem levados à aula.

Avalie. Examine a aula dada enquanto ainda está viva em sua memória e a avalie conforme os requisitos do item *Avaliação* deste capítulo.

Recursos

Além da revista do professor, a editora geralmente fornece um pacote de recursos para a preparação da lição. Talvez você pense que seria prudente deixar esse auxílio de lado e conhecer melhor as necessidades particulares dos alunos. Afinal, embora sejam preciosos os recursos do currículo, o escritor não conhece você, seus alunos e todas as suas necessidades e capacidades. No entanto, os livros de consulta e o arquivo do professor podem ajudá-lo a suprir essa lacuna.

Livros de Consulta. Para se conhecer a Bíblia, *A Origem da Bíblia*, de Philip Wesley Comfort, é excelente fonte de pesquisa para professores desejosos de melhor aprofundamento bíblico. Nesta obra podemos encontrar informações sobre o desenvolvimento histórico da Bíblia, as línguas originais, como ela chegou até nós, etc. É fundamental citar também a obra do pastor Antonio Gilberto, *A Bíblia através dos Séculos*; um compêndio muito valioso. Se você deseja resposta para algumas dúvidas que seus alunos apresentem, como por exemplo, "Qual o significado da Bíblia?", *Guia Básico para a Interpretação da Bíblia*, de Robert H. Stein, o auxiliará a compreender melhor o significado dos textos bíblicos. Ensina a observar, interpretar e aplicar a Palavra de Deus, um processo que vai ajudá-lo a ensinar com profundidade o assunto da lição.

É de grande importância que o professor tenha em mãos um bom dicionário bíblico. O *Dicionário Vine*, de W. E. Vine *et al.*, lhe oferecerá o significado exegético e expositivo das palavras do Antigo e do Novo Testamento. Não podemos deixar de mencionar o livro *Quero Entender a Bíblia*, uma edição para adolescentes que apresenta a Bíblia de forma simples e direta.

Para informações sobre os personagens bíblicos, objetos, acontecimentos e conceitos, consulte uma enciclopédia ou dicionário bíblicos. *Pequena Enciclopédia Bíblica,* de Orlando Boyer, e *Tesouro de Conhecimentos Bíblicos*, de Emílio Conde, são obras que apresentam conteúdos relevantes.

Uma parte do problema em compreender a Bíblia é a disparidade entre aquela cultura e a nossa. É essencial que o professor conheça as maneiras, costumes, hábitos e estilo de vida da época a fim de entender melhor a Palavra de Deus. *Usos e Costumes dos Tempos Bíblicos*, de Ralph Gower, é um excelente recurso para aprimoramento de sua aula. Às vezes, é interessante levar tais livros à sala de aula para que os alunos possam visualizar figuras pouco conhecidas, como os instrumentos e a arquitetura bíblica.

Quando a geografia for importante para a lição, consulte um atlas que traga informações aprofundadas, aptas a ajudar os alunos a se imaginarem vivendo ali. A obra *Atlas Bíblico,* de Yohanan Aharoni *et al.* é muito bom para obter tais informações, e *Geografia Bíblica*, de Claudionor de Andrade, é uma das maneiras mais emocionantes de se entender a história sagrada.

Para o estudo doutrinário, a obra *Teologia Sistemática*, de Stanley Horton, resume cada uma das principais doutrinas bíblicas. Após estudar seu conteúdo, o professor consegue acrescentar mais detalhes às lições. *Introdução à Teologia Sistemática*, de Eurico Bergstén, também é material de qualidade muito boa.

Os comentários são valiosos porque oferecem uma ajuda extra na interpretação de textos bíblicos. Como fonte podemos citar a *Série Comentário Bíblico* da CPAD, e também o *Comentário Bíblico Matthew Henry*.

Para conhecer melhor seus alunos, o livro *Estilos de Aprendizagem*, de Marlene D. LeFever, o ajudará a alcançar cada adolescente que Deus lhe confiou para ensinar. E se você deseja refletir acerca dos fundamentos da educação cristã, *Manual de Ensino para o Educador Cristão*, de Kenneth O. Gangel e Howard G. Hendricks; *Manual do Professor de Escola Dominical* e *Recursos Didáticos para Escola Dominical*, ambos de Marcos Tuler, servirão de grande auxílio para compreender a natureza, as bases e o alcance do ensino cristão.

Arquivo do Professor. Meu arquivo é a fonte de idéias mais útil para complementar o curso, especialmente quando modifico ou mudo a meta. Trata-se de uma coleção de materiais e visuais relativos a uma grande variedade de assuntos, que são de grande proveito para o ensino. Um arquivo, contudo, só tem valor quando organizado corretamente. Uma coleção extraordinária de materiais é inútil se você não consegue achar prontamente o que precisa. Após várias experiências com diferentes métodos de arquivar, encontrei o seguinte como o mais conveniente:

1) Uma ou mais gavetas de assuntos em ordem alfabética. Quanto mais específico o assunto, mais rápido e fácil será encontrar o que é preciso.

2) Uma divisão para os livros bíblicos na ordem que se encontram na Bíblia. Tenho uma pasta para cada livro e para grupos de livros, como os do Antigo Testamento, Pentateuco, Profetas, Novo Testamento, Evangelhos.

3) Uma divisão para figuras. Há principalmente revistas, calendários e figuras de papel da Escola Dominical. Veja as sugestões da lista seguinte.

4) Uma divisão para auxílios visuais em geral. Isso inclui letras do alfabeto em envelopes de acordo com o tamanho e o estilo, traçados de letras e estêncil, mapas e moldes.

Para as divisões de temas e livros da Bíblia, arquive tudo que for útil para ensinar a lição sobre aquele assunto ou passagem bíblica. Meu arquivo, por exemplo, contém artigos de revistas, visuais, ilustrações, desenhos, métodos específicos para ensinar um assunto, cartazes, anotações de sermões, panfletos, brochuras, transparências e anotações pessoais de estudos da Bíblia.

Sugestões de Assuntos para o Arquivo do Professor

Aborto	Atitudes	Companheirismo
Ação de graças	Auto-estima	Comunhão
Adoção	Batismo	Comunismo
Adoração	Bebida	Consciência
Ajuda aos outros	Bem-aventuranças	Corpo
Alegria	Bíblia	Criação/evolução
Amizade	Bíblia, estudo	Cristianismo
Amor	Blasfêmia	Crítica
Amor romântico	Casamento	Culpa
Anjos	Céu	Cura
Armadura cristã	Cidadania	Dança
Arrependimento	Cobiça	Decisões

Dedicação
Depressão
Desordem de apetite
Deus, o Pai
Dez mandamentos
Dia das bruxas – *Halloween*
Dinheiro
Disciplina
Discipulado
Discípulos, doze
Discordâncias
Discurso
Divórcio
Domingo
Dons do Espírito
Drogas
Dúvidas
Egoísmo
Emoções
Encenação de personagens imaginários
Encorajamento
Escatologia
Espírito Santo
Estresse
Ética sexual
Evangelismo
Falsidade
Família
Fariseus
Fé
Fidelidade
Filmes
Fofoca
Fracasso
Freqüência na igreja e nos trabalhos
Fruto do Espírito
Fuga
Fumo
Futuro
Gratidão
Gravidez na adolescência
Guerra
Homem
Homossexuais
Honestidade
Humanismo
Humildade
Igreja
Inferno
Insegurança
Inveja
Ira
Jesus Cristo – morte, ressurreição, ascensão
Jesus Cristo – nascimento
Jesus Cristo – vida, ministério, caráter
Jogos
Julgar
Leis
Liberdade
Liberdade cristã
Líderes, liderança
Línguas, falar em
Louvor
Materialismo
Meditação
Medo
Memorização
Mente
Metas
Milagres
Missões
Momentos de sossego
Mordomia
Morte
Mulheres
Música
Namoro
Natal
Obediência
Ocultismo
Oferta
Oração
Oração do Pai Nosso
Orgulho
Paciência
Parábolas
Páscoa
Paz
Pecado
Pena de morte
Perdão
Personagens bíblicos – por nome
Pornografia
Preocupações
Pressão dos amigos
Prioridades
Problemas
Relacionamento pais-adolescente

Religiões, cultos, denominações – por nome	de servo	Timidez
Sabedoria	Sofrimento	Trabalho
Salvação	Solidão	Tribulações
Santidade	Sucesso	Tribunal de Cristo
Satanás	Suicídio	Trindade
Satisfação	Tabernáculo	Valores
Senhorio de Cristo	Televisão	Vestes
Separação	Templo	Vida cristã
Serviço, qualidade	Tempo	Vocações
	Tentação	Vontade de Deus
	Testemunho	

Sugestões de Assuntos para o Arquivo de Figuras

Ação de graças	Construções	Jesus Cristo – vida e ministério
Adoração (igrejas, cruzes, Bíblia, oração)	Crianças	Juventude
Adultos	Escola	Miscelânia
Animais	Esportes	Missões
Bebês	Evangelismo	Multidões
Bíblia – Antigo Testamento	Família	Natal
Bíblia – Novo Testamento	Formatura	Natureza
Casamentos	Jesus Cristo – morte, ressurreição, ascensão	Páscoa, domingo de Ramos
	Jesus Cristo – nascimento e infância	Patriotismo
		Transportes

Se você arquivar os visuais e as folhas de instrução dos recursos do professor da Accent Publications, verá que podem ser usados inclusive em outras lições. Um pacote, por exemplo, inclui, entre outras coisas, uma transparência sobre o batismo, um grande cartaz sobre a coragem, uma folha do mestre sobre os membros da igreja e uma folha de instruções sobre a salvação. Esses recursos são excelentes para começar um arquivo.

Alguns materiais, como cartazes e visuais grandes, não cabem nas pastas de tamanho padrão. Para não esquecê-los, incluo uma observação sobre eles nas pastas apropriadas.

Um arquivo de metal, com quatro gavetas, é o mais adequado para guardar sua coleção. Arquivos usados custam cerca da metade do preço dos novos e podem ser pintados com tinta spray. Arquivos de papelão e caixas também ajudam, mas não são tão fortes e práticos. Já os arquivos para projetos de arquitetura e caixas de papelão, que podem ser guardadas debaixo da cama, são úteis para os visuais grandes e cartazes.

O tempo empregado para compor seu arquivo ou reorganizar um já existente vale a pena considerando o tempo economizado a cada semana, quando você rapidamente localiza a ajuda adicional de que precisa para preparar sua aula.

Avaliação

A preparação da lição não se conclui até que seja feita uma avaliação posterior à aula. "Avaliação" pode ser uma palavra assustadora ou bem-vinda, dependendo do seu ponto de vista. A palavra no grego significa pôr à prova ou examinar, com o propósito de obter aprovação e mérito. No Novo Testamento, quase sempre é usada com a expectativa de um resultado positivo. Por esta razão, a palavra "avaliação" deve ser bem-vinda.

Propósito. Reservar um tempo para a avaliação vai ajudá-lo a:

- Descobrir seu poder de estímulo;
- Identificar pontos vulneráveis, que precisam ser aperfeiçoados;
- Determinar se você atingiu ou não a meta;
- Averiguar o quanto os alunos estão aprendendo.

Métodos. Há muitas formas de avaliar o ensino. As cinco maneiras descritas a seguir estão entre as mais úteis:

1. Todas as semanas, reflita sobre a aula enquanto ela ainda está viva em sua memória (domingo à tarde, por exemplo). Anote em seu esboço ou em um cartão de 7,5 x 12 centímetros anexado àquele uma avaliação geral da aula (forte, boa, regular, fraca), dois ou três pontos fracos e como você pode corrigi-los, dois ou três pontos fortes e a resposta dos alunos.

2. Outro método refere-se à auto-avaliação completa, tal como o "Teste de Auto-avaliação" descrito na próxima página.

3. O terceiro método consiste em convidar alguém para observar a aula e depois discuti-la com você. Escolha uma pessoa imparcial, com experiência no ensino, como o superintendente do departamento de adolescentes ou um outro professor que não esteja dando aula no mesmo horário. Não esqueça de avisar aos alunos, logo no início, que essa pessoa não veio para vigiá-los, mas para observar o professor.

4. Aplicar uma prova aos alunos também constitui outro método de avaliação. Pode enfocar o conhecimento bíblico, as atitudes, o comportamento ou os três aspectos juntos. Esse método é especialmente bom para ser usado no final do curso, para averiguar o que os alunos aprenderam.

5. Por fim, você pode querer saber a opinião dos alunos. Do que eles gostaram e não gostaram durante o trimestre? Quais as suas sugestões para melhorar a aula? Haverá mais sinceridade dos alunos se as respostas forem anônimas. Os adolescentes costumam dizer mais do que você gostaria de saber, mas seus comentários são úteis e mostram pontos obscuros. Você pode refazer a maioria das perguntas do "Teste de Auto-avaliação" e preparar um formulário para os alunos completarem.

Lembrete. Depois de avaliar sua aula e o modo como prepara a lição, estabeleça metas para si mesmo. Concentre-se nos pontos fracos, e anote as formas através das quais é possível transformar estas fraquezas em forças. Então, escolha um dos pontos fracos por vez e vá até o fim. Você pode começar a se preparar agora para a prova final do Tribunal de Cristo (1 Co 3.10-15; 2 Co 5.10)!

Teste de Auto-avaliação

1. Começo a preparar a aula da Escola Dominical no início da semana ou deixo para estudar apressadamente no sábado à noite?
2. Conheço as necessidades dos meus alunos e defino como o assunto ou passagem bíblica estão relacionados com eles?
3. Tenho uma meta específica e mensurável a cada semana? Tenho conseguido atingi-la?
4. A introdução da lição prende o interesse dos meus alunos?
5. Envolvo efetivamente meus alunos no estudo bíblico, em vez de apenas narrar fatos bíblicos?
6. Oriento meus alunos a pensarem em várias formas de aplicar as verdades bíblicas em suas vidas?
7. Dou aos alunos tarefas significativas para estimulá-los a praticar as verdades da Bíblia durante a semana? Verifico para saber como se saíram?
8. Uso uma variedade de métodos e auxílios audiovisuais?
9. Emprego palavras e conceitos compreensíveis aos adolescentes, em vez de usar termos muito difíceis ou linguagem infantil?
10. Que sinais meus alunos demonstram de que gostam de freqüentar as aulas e de estudar a Bíblia?

Duas áreas que precisam ser aperfeiçoadas e os passos que seguirei para fazê-lo:

Partes deste capítulo foram publicadas originalmente em *Moody Monthly* [Moody Mensal] (novembro de 1980) e *Success* [Sucesso] (verão de 1981), e reimpressa aqui sob permissão.

Avaliação

1. O esboço escrito da lição dá a direção específica quanto ao tempo de aula. V – F
2. Não importa se espero até o final da semana para preparar a aula. V – F
3. Antes de ler a revista do professor, é melhor estudar sozinho a passagem bíblica. V – F
4. Antes de programar o tempo de estudo bíblico, preciso definir como a passagem se relaciona com as necessidades dos alunos e estabelecer uma meta específica. V – F
5. Cada esboço da lição deve incluir uma introdução interessante e tempo suficiente para a conclusão. V – F
6. Não importa se avalio ou não minha forma de ensinar. V – F

Respostas: 1. V; 2. F; 3. V; 4. V; 5. V; 6. F

N. do E.: Todos os livros citados no item "Livros de Consulta" são obras publicadas pela editora CPAD.

10

Métodos de Ensino

Quando estava na universidade, trabalhei em uma loja de rosquinhas durante o verão. Ganhava salário-mínimo e o horário de trabalho era cruel (das 4 às 11 horas da manhã), mas havia uma vantagem maravilhosa. Poderia comer todas as rosquinhas que quisesse, de graça. Para alguém que gosta de rosquinhas de verdade e raramente as tinha em casa, além de estar desesperada por um emprego, tratava-se de uma boa oferta. Por duas semanas, provei rosquinhas que nunca tinha visto antes, coloquei recheio de creme em barras de creme de amendoim, comi com avidez minhas rosquinhas favoritas e engordei. Na terceira semana, não conseguia suportar a idéia de comer uma rosquinha sequer. Tudo o que é demais, mesmo sendo bom, enjoa.

Isto também vale para a área do ensino. Os adolescentes ficam entediados com os mesmos métodos, semana após semana, especialmente com aqueles que não os envolvem no processo de aprendizagem. Os materiais do curso foram planejados para proporcionar diversidade no ensino e para desafiar os alunos a interagirem e aplicarem as passagens bíblicas estudadas. As explicações subseqüentes o ajudarão a usar esses materiais com mais eficiência e a escolher métodos diferentes, se necessário.

Pergunta e Resposta

Perguntas de todos os tipos unidas a outros métodos formam a espinha dorsal do aprendizado. Estimulam os alunos a estudarem as Escrituras sozinhos e a aplicarem no seu dia-a-dia o que aprenderam.

Neste método, o professor faz uma pergunta e os alunos respondem ao professor, conforme ilustrado no esquema abaixo (P = professor, A = aluno):

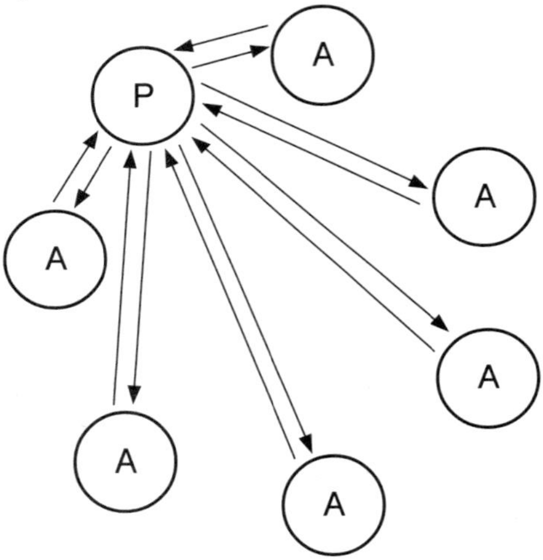

Como um debate, os alunos respondem uns aos outros e ao professor, desta forma:

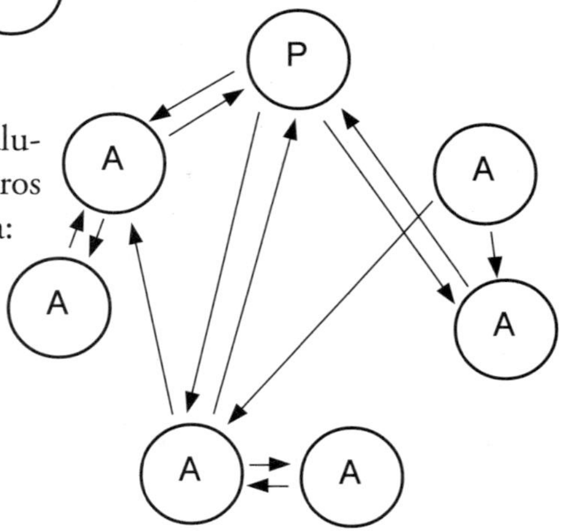

Os adolescentes respondem bem a perguntas sobre fatos e opiniões, mas, de uma forma geral, não são bons em debates, especialmente os da sétima série. Os adolescentes de 12 e 13 anos raramente reagem às observações e opiniões dos outros, ao contrário dos mais velhos.

As revistas do professor do curso fornecem perguntas pertinentes para a orientação dos grupos no estudo direto da Bíblia e sua aplicação. Entretanto, para atender às necessidades da classe, talvez seja preciso adaptar essas perguntas de acordo com a capacidade dos alunos e acrescentar outras.

As melhores perguntas são as que instigam os alunos a pensar. O emprego dos velhos conhecidos "quem", "o quê", "onde", "por quê" e "como" ajuda o professor a formular esse tipo de pergunta. Evite perguntas que podem ser respondidas com "sim" ou "não"; elas tendem a limitar o pensamento em vez de estimulá-lo. Além das questões sobre fatos, faça perguntas que estimulem os alunos a relacionarem a Bíblia às suas vidas diárias.

Quando estiver usando apenas o método de perguntas e respostas, faça as perguntas antes de chamar alguém para responder. Caso contrário, os demais alunos não se interessarão em pensar na resposta, com exceção do aluno designado inesperadamente. No entanto, se um ou dois alunos começarem a monopolizar as respostas, é preciso direcionar as perguntas, por um certo tempo, a indivíduos específicos.

Seja cuidadoso com suas reações ao ouvir as respostas dos alunos. Mesmo se a resposta estiver errada ou for silenciosa, não rebaixe o aluno que respondeu. Faça outra pergunta para ajudá-lo a pensar no assunto, reporte-o à passagem das Escrituras ou pergunte ao resto dos alunos o que acham.

Não tenha medo do silêncio que se segue às perguntas. Os alunos precisam de tempo para procurar as respostas ou pensar no assunto. Às vezes, contudo, eles não compreendem a pergunta; então, pergunte com outras palavras ao invés de dar a resposta.

Exemplos

Passagem: Atos 12.25—13.13

- João, que tinha por sobrenome Marcos, foi escolhido para fazer o quê?
- Em sua opinião, que responsabilidades ele teria nessa viagem?
- O que Paulo, Barnabé e João Marcos fizeram nessa viagem?
- O que aconteceu em Pafos?
- Logo depois disso, o que fez João Marcos?
- Por que você acha que ele desistiu e voltou para casa?

Passagem: Atos 15.36-39

- Por que Paulo e Barnabé quiseram partir para uma outra viagem missionária?
- Quem Barnabé queria levar com eles?
- Como Paulo se sentiu em relação à escolha de Barnabé?
- Por que você acha que Paulo se opôs tanto?
- Por que você acha que Barnabé quis levar João Marcos, se ele o abandonou na última vez?
- O que poderia ter acontecido a João Marcos se Barnabé não tivesse confiado nele?
- O que você aprendeu com a escolha e as atitudes de Barnabé?

Passagem: Êxodo 20.15; Efésios 4.28

- Qual é a sua definição de furto?
- À luz de 1 Coríntios 16.2, que tipo de roubo o povo de Deus às vezes comete?
- Em sua opinião, que tipos de roubos são as maiores tentações para o jovem hoje?
- Em sua opinião, como é possível para um jovem cristão evitar tais roubos mencionados na questão anterior?
- Imagine a situação: um colega de escola o procura e confessa ter sido ladrão de lojas. Hoje, ele é um cristão e deseja fazer

tudo certo, mas teme que sua confissão arruine seu testemunho. Que conselho você lhe daria?

Passagem: Êxodo 20.8-11; Marcos 2.23—3.10

- Seus pais não aprovam o tipo de música que você ouve. Qual a sua atitude com respeito ao sentimento deles?
- Seus pais não gostam dos seus amigos. Que razões você daria para esse fato?
- Você já disse alguma vez: "Meus pais não me entendem. Eles são tão antiquados"? Por que você se sente assim?
- Seus pais não vão à igreja; na verdade, eles nunca aceitaram a Jesus Cristo como seu Salvador pessoal. Como você lidaria com essa situação?

Grupos de Estudo

Os grupos de estudo consistem em várias turmas pequenas, de três a seis alunos cada, que se reúnem para responder perguntas determinadas ou pesquisar sobre um assunto. Depois que os membros de cada grupo terminam o estudo, relatam suas descobertas ao resto da classe. Esse método envolve mais os alunos do que as perguntas lançadas à classe inteira, uma vez que favorece a participação, em virtude do pequeno tamanho dos grupos.

A dinâmica de grupo desse método funciona assim:

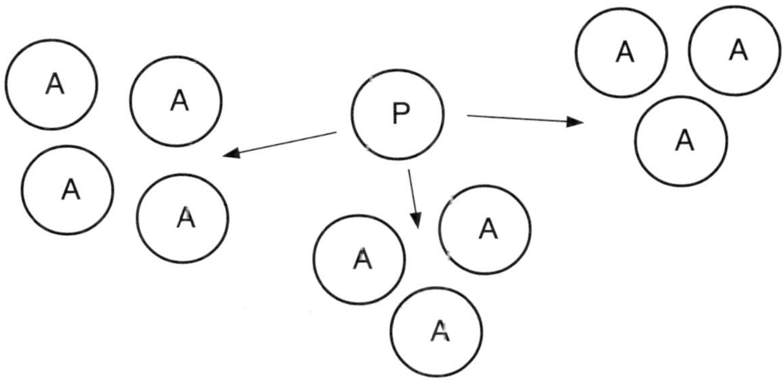

O emprego dos grupos de estudo envolve os seguintes passos:

1) Escreva por extenso as tarefas de cada grupo. Elas podem constar da revista do professor.

2) Divida a classe em grupos, nomeie líderes e distribua as tarefas com os materiais necessários (isto é, lápis, livros de consulta).

3) Estabeleça um limite de tempo para a reunião dos grupos, concedendo tempo suficiente para a conclusão do estudo. O uso do cronômetro ajuda os grupos a saberem o tempo que resta. Avise os alunos três ou cinco minutos antes do término do tempo.

4) Enquanto os grupos se reúnem, circule pela classe para responder perguntas, averiguar seu progresso e orientá-los nas tarefas.

5) Quando o tempo acabar, peça os relatórios de cada grupo e acrescente detalhes que eles deixaram escapar.

Exemplo

Assunto: Timóteo

- Grupo 1: Leia 2 Timóteo 1.5; 3.15 e Atos 16.1. Como era a vida familiar de Timóteo? Em que aspectos era igual ou diferente da sua?
- Grupo 2: Leia 1 Timóteo 4.12; 5.23; 2 Timóteo 1.7-8 e Atos 16.2. Que tipo de pessoa era Timóteo? (Como ele era?) Em que aspectos ele se parece com você?

(Se você tiver quatro grupos, dê cada uma das tarefas para dois grupos.)

Estudo Indutivo das Escrituras

O estudo indutivo das Escrituras constitui a base e a combinação de métodos que envolvem perguntas. Exige que os alunos estudem a(s) passagem(ns) da Bíblia diretamente, levando-os a aprender sozinhos, em vez de receberem tudo pronto do professor.

Há três passos básicos para o estudo indutivo:

- Observação – O que a passagem diz? Durante esse passo os alunos reúnem fatos.
- Interpretação – O que a passagem significa? Usando livros de consulta, os alunos procuram entender fatos.
- Aplicação – O que a passagem significa para mim? Os alunos concluem como podem aplicar os princípios e mandamentos em suas vidas hoje.

Apenas estas três perguntas podem ser usadas para levar os alunos a estudarem uma porção das Escrituras. Veja o "Exemplo de Estudo Indutivo das Escrituras em Marcos 16.1-8". A maioria dos adolescentes, todavia, necessita de perguntas mais específicas para ajudá-los. Os materiais de um bom currículo geralmente incluem perguntas e atividades referentes aos três passos, ainda que não mencionem expressamente essa nomenclatura. Descubra essas perguntas e atividades, e use-as para o estudo indutivo.

Quando o tempo for limitado e você quiser estudar diversas referências bíblicas, escreva cada uma delas em papeletas e distribua para os alunos individualmente ou para duplas. Faça-os ler os versículos e responder a(s) pergunta(s).

Cutucada no Vizinho

Cutucada no vizinho é uma mini-versão dos grupos de estudo. Por este método, os alunos se viram para a pessoa do lado e respondem determinada pergunta em alguns minutos. Depois que o tempo acabar, cada par compartilha suas respostas com o grupo inteiro, ou, se o grupo for grande, muitos voluntários falam suas respostas.

Este método pode ser usado para introduzir o assunto da lição, estudar uma porção das Escrituras ou descobrir maneiras possíveis de aplicar a verdade bíblica. É uma boa alternativa quando não houver tempo suficiente para os grupos de estudo. Proporciona participação total, uma vez que cada aluno deve responder a uma pergunta.

Exemplo

- Que características tem um bom amigo? Em outras palavras, como é um bom amigo? (pergunta introdutória)
- Leia Colossenses 1.9-12. O que Paulo pediu em oração a favor dos crentes de Colossos? (pergunta do estudo bíblico)
- Como você pode demonstrar esse amor nesta semana? (pergunta da aplicação)

Neste método, o grupo se comporta de acordo com a ilustração abaixo:

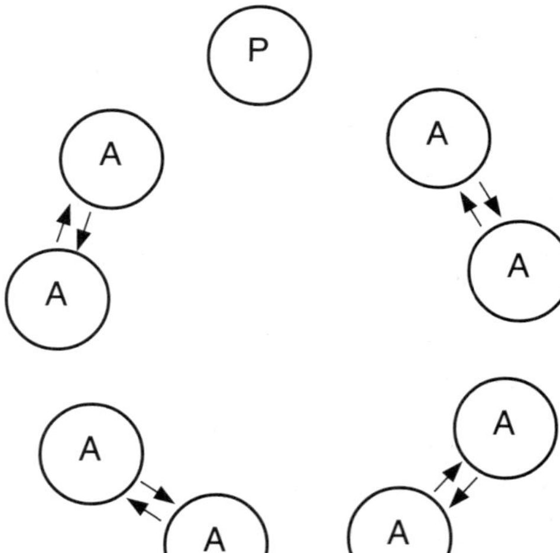

Resposta Circular

É também chamado de conversa circular. O nome do método provém do fato de que o professor faz uma pergunta e anda pelo círculo ou grupo para ouvir a resposta de todos.

Este método é mais adequado para perguntar a opinião do aluno, em que não há respostas certas ou erradas. Dessa forma, ninguém fica constrangido por sua resposta e todos podem contribuir. É uma boa maneira de iniciar a lição, de envolver todos os alunos e de mantê-los pensando. Por exemplo: "Qual é uma de suas maiores tentações?" A resposta circular também pode ser usada para concluir um estudo bíblico, visando obter várias formas de aplicar as verdades, com perguntas do tipo: "De que maneira os adolescentes podem servir ao Senhor?" Às vezes, a revista do aluno inclui perguntas adequadas para este método.

O método funciona assim:

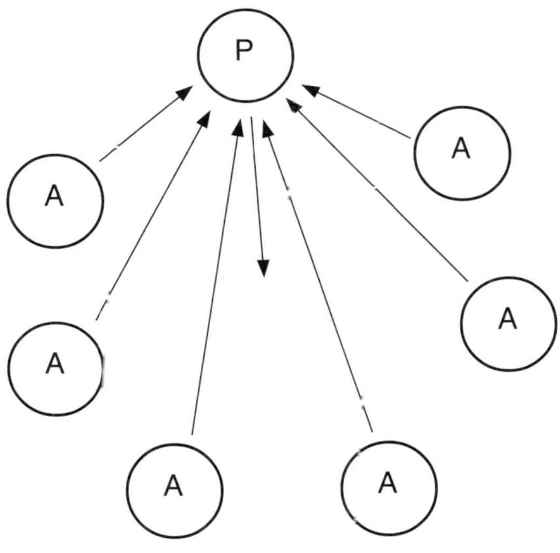

Exemplos

- Cite o nome de uma pessoa pela qual possamos orar.
- De que maneira os adolescentes podem servir ao Senhor?
- Como podemos ajudar alguém nesta semana?
- Qual é um dos maiores problemas em ter uma vida cristã?

Exemplo de Estudo Indutivo das Escrituras em Marcos 16.1-8

OBSERVAÇÃO O que diz?	INTERPRETAÇÃO O que significa?	APLICAÇÃO O que significa para mim?
Passado o sábado, Maria Madalena, Maria, mãe de Tiago, e Salomé trouxeram aromas ao sepulcro para ungir a Jesus ao nascer do sol	Que dia é o sábado? Quem era Maria Madalena? Quem era Tiago? Quem era Salomé? O que é ungir? Por quê?	
Perguntavam entre si quem tiraria a pedra do sepulcro	Por que falar sobre isso?	
A pedra já havia sido removida dali	Como? Veja Mateus 28.2	Às vezes, o Senhor resolve os problemas antes que os enfrentemos; nos preocupamos em vão

Entraram no sepulcro e ficaram espantadas ao ver um jovem, vestido com roupa longa e branca, assentado à direita O homem sabia que elas procuravam a Jesus, que foi crucificado, então lhes disse que Ele havia ressuscitado e não estava mais ali O homem lhes disse para contar aos discípulos e a Pedro que poderiam ver a Jesus na Galiléia, conforme Ele havia dito As mulheres partiram rapidamente e fugiram porque estavam possuídas de assombro e temor; não contaram nada a ninguém, porque temiam		Evidências da ressurreição corpórea: 1) pedra removida; 2) não estava no sepulcro 3) mensagem do anjo às mulheres Minha reação quanto à ressurreição é:

Entrevista

Durante a entrevista, uma pessoa ou o grupo faz perguntas a alguém, com o intuito de obter informações e opiniões.

Geralmente, as perguntas das entrevistas são direcionadas a pessoas ativas, feitas pessoalmente ou gravadas. Por exemplo, a revista do professor pode sugerir que você convide um diácono para ser entrevistado pela classe, a fim de que os alunos conheçam as atividades realizadas pelos diáconos.

Quando planejar a entrevista, peça aos alunos que preparem as perguntas antecipadamente, evitando aquelas que ensejam "sim" ou "não" como resposta. Essa atitude previne aquele silêncio constrangedor no momento em que o grupo estiver diante do entrevistado.

Entrevistas também não se limitam a entrevistados vivos. Você pode adaptar o material do curso e fazer perguntas sobre personagens bíblicos e então respondê-las. Para isso, designe um ou mais alunos para assumirem o papel de uma pessoa da Bíblia; o restante da classe faz as perguntas. Tratando-se de adolescentes, aconselha-se dividir a classe em dois grupos iguais: um, de entrevistados e o outro, de entrevistadores. Recomende aos entrevistados o estudo da passagem bíblica, a fim de que consigam responder as questões. Concomitantemente, faça os entrevistadores estudarem a passagem e elaborarem as perguntas, usando os termos: quem, o quê, quando, onde, por que e como.

Durante a entrevista, os entrevistados devem falar na primeira pessoa e os entrevistadores devem se dirigir a eles como se fossem o personagem bíblico. Permita que os entrevistados consultem a Bíblia, caso seja necessário. A dinâmica de grupo da entrevista funciona conforme o esquema na página seguinte:

Se houver um aluno capaz de responder as perguntas sozinho, crie uma situação parecida com os programas de entrevistas da TV ou do rádio, em que as perguntas são feitas pela platéia (classe).

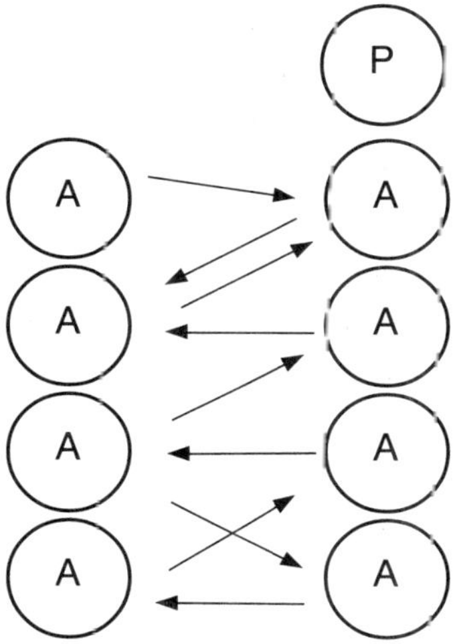

Após Gideão ter sido chamado por Deus para libertar Israel dos midianitas, juntou um exército para a luta. Para descobrir o que aconteceu, divida a classe em três partes e entregue para cada grupo uma destas passagens de Juízes: 7.1-25; 8.1-17; 8.22-35. Depois, divida cada um dos três grupos em dois: Gideão(ões) e entrevistadores. As perguntas e respostas podem ser assim:

Juízes 7.1-25

- Por que Deus lhe disse que havia homens demais? (Não queria que nos tornássemos orgulhosos e acreditássemos que a vitória veio de nossa capacidade e não do auxílio divino.)
- Como você reduziu o número de soldados? (Mandei embora todos os medrosos. Depois, eu testei o restante, levando-o à água. Mandei embora todos os que se ajoelharam para beber e fiquei com os 300 que lamberam a água como os cães, levando a mão à boca.)
- Como você se sentia em relação à luta contra os midianitas? Por quê? (Tive medo, porque eram mais fortes e estavam no controle.)

- Como você superou esse medo? (Desci até o arraial deles com meu servo e ouvi o sonho de um midianita e a interpretação de que eu os venceria. Então, entendi que não precisava ter medo.)
- Que armas você usou para lutar contra os midianitas? (buzinas, cântaros e tochas.)
- Qual foi sua estratégia? (Rodeamos o acampamento dos midianitas; tocamos nossas buzinas; quebramos nossos cântaros, onde estavam as tochas, e gritamos: "Espada do Senhor e de Gideão".)
- O que aconteceu? (Eles fugiram.)
- Que tribos ajudaram a capturar e matar os midianitas? (Naftali, Aser e Manassés.)

Juízes 8.1-17

- Por que os homens de Efraim ficaram aborrecidos com você? (Porque eu não pedi sua ajuda para lutar contra os midianitas.)
- O que você lhes respondeu? (Disse-lhes que a captura dos príncipes dos midianitas, Orebe e Zeebe também foi muito importante.)
- Por que os homens de Sucote e Penuel não lhe deram pão quando você pediu? (Tinham medo dos reis de Midiã, caso eu não os capturasse.)
- Como você os puniu mais tarde? (Corrigi os anciãos de Sucote com espinhos, derribei a torre de Penuel e matei todos os homens dali.)

Juízes 8.22-35

- A quem o povo de Israel atribuiu a vitória? (A mim.)
- O que os israelitas queriam que você fizesse? (Queriam que eu os governasse.)
- Qual foi a sua resposta? (Eu lhes disse: "Não, o Senhor sobre vós dominará".)

- O que fez então? O que aconteceu? (Fiz um éfode com os pendentes de ouro e o coloquei em Ofra. E o povo "se prostituiu após ele".)
- Por quanto tempo Israel ficou livre? (Quarenta anos.)

Encenação de Papéis

Neste método, dois ou mais estudantes encenam uma situação ou relacionamento, sem roteiro ou preparação. Colocam-se no lugar de outras pessoas para compreender sua posição, ponto de vista ou sentimentos. O esquema abaixo ilustra a dinâmica de grupo deste método:

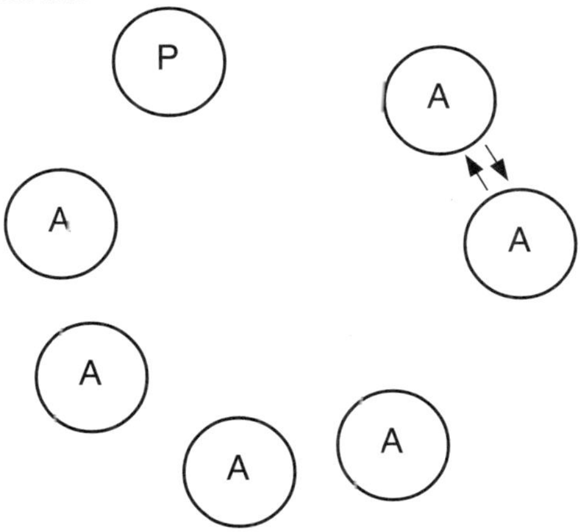

Siga os seguintes passos:

1) Peça voluntários para desempenharem vários papéis.

2) Dê a cada participante um resumo escrito das instruções, extraídas da revista do professor, para a identificação da situação e do personagem. Conceda alguns minutos para que possam se imaginar naqueles papéis.

3) Esclareça para os alunos a situação.

4) Os participantes, então, começam a falar, criando os diálogos e as ações na hora e reagindo aos comentários dos outros.

5) Depois de alguns minutos, interrompa a conversa. Pergunte aos participantes como se sentiram naquela circunstância. Faça com que o grupo avalie o diálogo e as ações, fazendo perguntas do tipo: "Por que a conversa tomou essa direção?"; "De que modo as reações poderiam ser diferentes?"

A encenação de papéis é um método de aproximação, que desperta o interesse dos alunos para o estudo do assunto e da passagem bíblica. Após o estudo da Bíblia, eles podem encenar novamente os mesmos papéis, desta vez incorporando à situação as verdades bíblicas estudadas.

Os alunos também podem se passar por personagens bíblicos, para descobrir como se sentiram em determinadas circunstâncias. Em vez de diálogos, falam sobre os sentimentos, problemas e pensamentos que aquele personagem teve.

Exemplos:

• Situação atual

Instruções para Daniele: Você não consegue encontrar aquele suéter novo. Você economizou o dinheiro da mesada e de seu trabalho como babá por dois meses para comprá-lo. Acabou de procurar em seu quarto pela segunda vez. Frustrada, decide procurar nos outros quartos. Quando passa pela sala de estar, vê sua irmã Gisele entrando na casa, vestida com seu suéter. Há uma mancha de sujeira na manga. Você fica decepcionada e vai brigar com ela.

Instruções para Gisele: Você precisa de um suéter verde para uma peça na escola hoje. Considerando que você não tem nenhum, quis perguntar a Daniele hoje de manhã se poderia lhe emprestar a blusa. Porém, ela acabou de sair para a escola; então, você o pegou, pensando que ela compreenderia, pois já havia lhe emprestado roupas antes. Quando voltar para casa, Daniele a verá usando seu suéter e ficará brava com você.

Instruções para a classe: Daniele está procurando seu novo suéter, quando sua irmã chega em casa vestida com ele.

• Situação bíblica

Depois de ler Lucas 1.26-35 e discutir a situação, diga ao grupo: Coloque-se no lugar de Maria por alguns minutos. Como você acha que ela se sentiu quando o anjo lhe disse que daria à luz o Filho de Deus, se não era nem mesmo casada? Que tipo de problemas ela enfrentou? Que perguntas passaram por sua mente?

Avaliação

1. As perguntas levam os alunos a lerem o texto bíblico e pensarem em suas implicações. V – F
2. É melhor escolher um aluno antes de fazer as perguntas para que ele(a) esteja preparado. V – F
3. Se alguém responder incorretamente, ajude-o a encontrar a resposta certa no texto ou peça ao restante da classe para responder também. V – F
4. Se ninguém responder às perguntas imediatamente, você deve dizer a resposta. V – F
5. Grupos de estudo estimulam mais os alunos a participarem da aula do que as perguntas feitas ao grupo inteiro. V – F
6. As melhores perguntas para a "resposta circular" são as que envolvem opiniões, sem respostas certas ou erradas. V – F
7. A encenação de papéis usa roteiros escritos para todos os participantes. V – F
8. O estudo indutivo da Bíblia parte de premissas e procura prová-las na Bíblia. V – F
9. O exame das Escrituras substitui o estudo pronto transmitido pelo professor. V – F

Respostas: 1. V; 2. F; 3. V; 4. F; 5. V; 6. V; 7. F; 8. F; 9. V.

11

Auxílios para Aperfeiçoar o Ensino

Parte da sobrevivência de um professor de adolescentes está em variar as atividades e envolver os alunos durante o período de aula. Para ajudá-lo, incorpore às suas aulas ou atividades extras os seguintes auxílios:

Audiovisuais

Os adolescentes cresceram vendo TV, filmes e ouvindo rádio. São bombardeados pela mídia audiovisual por todos os lados. Geralmente, estudantes lembram 50% de tudo o que ouvem e vêem simultaneamente. Este fato, por si só, deveria motivar professores a empregar visuais e incorporar sons, além de suas vozes, o máximo possível. Aqui estão algumas idéias:

- Figuras

Figuras podem ajudar os alunos a superar diferenças culturais entre eles e os tempos bíblicos, e examinar sentimentos e reações em situações cotidianas.

• Desenhos

Certas histórias em quadrinhos enfocam temas bíblicos.

• Quadro-negro

Relacione as respostas dos alunos, escreva tarefas, desenhe diagramas.

• Flanelógrafo

Recorte tiras e moldes de toalhas de papel e escreva com canetas hidrográficas. As figuras aderem ao quadro sem a necessidade de um suporte especial.

• Mapas

Compre mapas já prontos ou faça um croqui em cartolina para aumentar a área que você deseja mostrar. Se revestir o mapa com plástico aderente incolor ("contact"), pode escrever nele, usando canetas de tinta solúvel em água e depois limpá-lo.

• Quadro "Flip-chart"

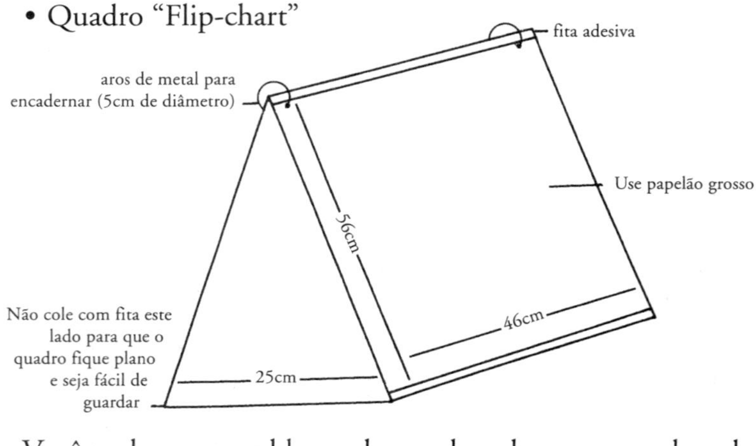

Você pode comprar blocos de papel em branco para desenho, de tamanho adequado para este quadro. Ou usar classificados de jornal sem muitas figuras, nos quais seja possível escrever palavras ou frases.

• Montagem

Recorte figuras e palavras de revistas para ilustrar um tema. Coloque-as em ordem e cole-as ao longo de uma folha de papel. Deixe que os alunos façam uma montagem relativa à introdução ou aplicação da lição.

• Quadro de pregas

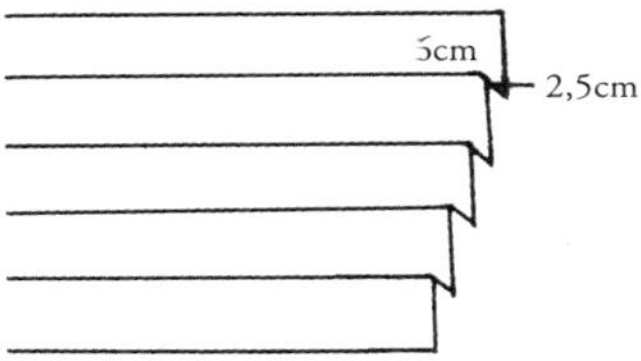

Dobre papel cartão escuro ou plástico aderente com quadriculado ("contact" – sem destacar o plástico do papel) como mostrado. Com fita adesiva, fixe todas as beiradas em um papel cartão de 61 x 91,5 centímetros ou ainda nas costas de um flanelógrafo.

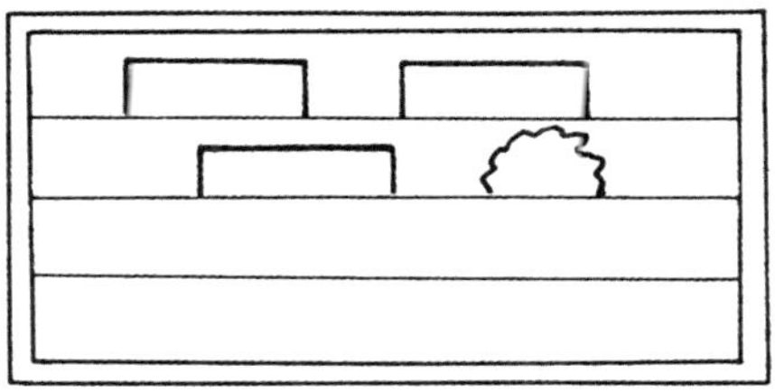

Recorte palavras em papelão claro, cartolina ou papel cartão; faça pequenas figuras com papel espesso. Use-os para resumir os pontos principais do estudo bíblico. Certifique-se de que está deixando 2,5 centímetros de espaço vazio no fundo, para que as palavras e figuras não sejam encobertas pela dobra.

• Cartazes

Compre cartazes prontos ou faça você mesmo com figuras de revistas e cartolina.

• Tabelas e gráficos

Faça um gráfico com a vida espiritual de um personagem bíblico, para mostrar seus altos e baixos, a fim de que os alunos se identifiquem melhor com ele.

• Retroprojetor

Este auxílio versátil tem uma vantagem sobre muitos outros, porque projeta em uma tela figuras, mapas, esquemas e permite que se escreva nas transparências no decorrer da aula. Muitas livrarias evangélicas vendem transparências impressas sobre vários temas bíblicos, bem como mapas e cartazes.

• Diafilme, filmes, videocassete

• Slides

Mostre slides de 35 milímetros ou faça você os seus, usando slides em que se pode escrever. (Veja abaixo.)

Projetos

Esses tipos de projetos para o aprendizado adicionam o elemento "fazer" ao "ver" e "ouvir"; desta forma, aumentam a fixação da verdade bíblica.

Jornal da Bíblia. Livros históricos ou narrativos da Bíblia ou porções (isto é, Evangelhos, Atos, Gênesis, Números, livros históricos do Antigo Testamento, porções dos proféticos do Antigo Testamento) podem ser resumidos ou revisados na forma de jornal ou em uma parte dele. Por exemplo, uma de minhas classes revisou o estudo do trimestre sobre o livro de Juízes através de textos jornalísticos, entrevistas, editoriais, "fotografias", anúncios, classificados e um jogo de palavras cruzadas. Juntos, escolhemos o nome *Jornal dos Juízes*. Elaborei as histórias e a arte para se parecerem com um jornal, com manchetes e nomes dos autores e depois, tirei cópias e distribuí para a igreja inteira.

O mesmo método pode ser empregado em menor escala para apenas uma lição. Ou, em vez de produzir um jornal, escreva e grave um noticiário, criando um roteiro para ser apresentado.

Bandeira ("banner"). Os alunos podem ilustrar suas descobertas da Bíblia através de uma ou mais bandeiras, colando figuras e letras de feltro em sacos de estopa. Peça a cada aluno ou grupo de estudos para fazer moldes apropriados ou outras figuras de feltro, escrever nelas com caneta hidrográfica e colar as peças em panos de estopa já com bainha, usando cola quente.

Composição de músicas. A classe pode compor canções originais, criando palavras novas em uma melodia conhecida para ensinar a matéria e/ou aplicar um tema ou passagem bíblica. Depois do estudo bíblico, divida a classe em grupos pequenos. Peça para que cada um escreva uma estrofe, substituindo uma sílaba para cada nota. Aconselhe-os a cantar baixinho sua composição, para terem certeza de que pode ser cantada. Também é possível que uma classe pequena trabalhe unida para escrever uma canção. Depois de terminada, escolha um título, escreva um estribilho, se necessário, e cante com a turma. Faça cópias para todos.

A canção a seguir foi composta por uma classe de adolescentes, a partir do estudo de 1 Reis 17.1-7.

Elias no Ribeiro

Canção: *Amazing Grace* (Maravilhosa Graça)

1. Elias trouxe uma mensagem para
O maldoso rei Acabe.
"Nestes anos nem chuva nem orvalho haverá,
Esta é a Palavra do Senhor."

2. Deus enviou Elias ao ribeiro
Para que se escondesse do rei Acabe.
Deus mandou que os corvos o alimentassem
Para que ele não morresse.

3. Aprendeu que Deus poderia guardá-lo
   E a confiar nEle.
   Também aprendeu que Deus o amava
   E a ser paciente.

Fazer os Próprios Slides. Usando slides virgens, nos quais é possível escrever (a empresa Kodak oferece esses slides, em caixas com 100, à venda em lojas de produtos audiovisuais e câmeras), e canetas para retroprojetor solúveis em água, sua classe pode preparar uma apresentação para partilhar com a igreja o que aprendeu. Peça aos alunos que façam, na superfície do slide, desenhos simples (com tracinhos simétricos e delicados) e escrevam palavras dentro de uma moldura enfeitada.

Você e seus alunos podem criar um roteiro ou escolher uma canção gravada.

Quando os slides estiverem prontos, coloque-os na bandeja de slides, assinale a ordem de apresentação e ensaie com os alunos a leitura do roteiro. Planeje a exibição em um dos trabalhos da igreja.

Tamanho natural

Além de funcionarem como projetos de revisão, esses slides também podem ser usados em uma ou duas aulas e mostrados de imediato. Por exemplo: introduza o assunto pedindo para que os alunos façam alguns slides; então, mostre-os com os versículos das Escrituras apropriados ou com uma canção gravada.

Jogos de Revisão

Revisões do trimestre se tornam interessantes e estimulantes quando são realizadas em forma de jogos. A seguir, algumas sugestões:

- Jogos de tabuleiro

Na hora de adaptar os jogos, substitua as questões por perguntas ou palavras extraídas das passagens bíblicas estudadas. Com jogos originais, limite o número de questões para cerca de vinte, com o intuito de revisar a matéria várias vezes durante a aula. Você pode pedir que os alunos respondam as perguntas corretamente antes de prosseguirem e leiam em voz alta as referências bíblicas relacionadas às perguntas, se não souberem a resposta. Em todos os jogos, inclua perguntas sobre fatos e aplicação das verdades estudadas.

Adaptação de jogos de competição da TV, tais como *Jeopardy* (Perigo), *Crossword* (Senha) e *What's my line?* (Qual é a minha direção?)

Exemplo:

Jeopardy (Perigo) – Daniel

Instruções: Divida a classe em três equipes. Escolha o primeiro grupo a começar através do sorteio de números. Uma pessoa do primeiro grupo escolhe uma categoria e um número. Remova o cartão apontado para revelar a tarefa. A primeira pessoa a conseguir tem de responder a pergunta; a resposta deve ser em forma de pergunta e referir-se à categoria. Se aquela pessoa responder incorretamente, sua equipe perde os pontos e a pessoa da próxima equipe que conseguir, deve responder a pergunta. Uma mesma pessoa não pode responder mais do que duas questões em uma rodada; ele deve abster-se de uma pergunta.

A pessoa que responde a pergunta corretamente escolhe a próxima categoria e o número. Conceda de oito a dez minutos para cada metade do jogo e um minuto para a última resposta. Para a categoria final, cada equipe escolhe uma pessoa para responder. Ele escreve sua resposta em um cartão. O time com mais pontos vence.

O quadro do jogo também pode ser um cartaz, quadro-negro ou transparência, cobertos com cartões que indicam os pontos em cada questão. Na primeira metade do jogo, as perguntas de cada categoria valem 10, 20, 30, 40 e 50 pontos em ordem decrescente; na segunda metade, valem o dobro; a última pergunta vale 200 pontos.

Exemplo de quadro para o jogo:

DANIEL E AMIGOS	ESTÁTUA DE OURO	ÉPOCA DE TREINAMENTO	A COVA DOS LEÕES
Hananias, Misael e Azarias	Lançados na fornalha de fogo	Assentou em seu coração não se contaminar	Terceiro governante de Babilônia durante a vida de Daniel
Beltessazar	Sadraque, Mesaque e Abede-Nego	Legumes e água	Fiel, sem erros ou defeitos
Nacionalidade deles	Deus	Três anos	Ser lançado na cova dos leões
Como cativos	Três homens amarrados e quatro homens soltos	Aprendendo a língua dos caldeus	Decreto feito para eliminar Daniel
Uma razão por que foram exaltados	Sinal para ajoelhar-se diante da estátua	Sem defeitos, de boa aparência, sábios, instruídos e entendidos no conhecimento	A reação de Dario à acusação contra Daniel

Categoria Final: Interpretação do sonho.

Questão: Princípio sobre o qual Daniel interpretou o sonho do rei.

- Adaptação de jogos comerciais

Exemplo: Fruto do Espírito – jogo-da-velha

Instruções: Divida a classe em duas equipes e escolha uma para começar. A primeira pessoa dessa equipe escolhe uma categoria. Se responder corretamente a pergunta relacionada à lição, sua equipe coloca um X ou um O no quadriculado. Depois, é a vez da primeira pessoa da outra equipe. A primeira equipe que conseguir três X ou O alinhados ganha.

Prepare várias perguntas para cada categoria.

Exemplo de quadro:

Paciência	Benignidade	Fruto
Fé	Confusão	Humildade
Espírito Santo	Temperança	Bondade

Avaliação

1. Usar audiovisuais é importante para ajudar os alunos a entender e apreender as verdades da Bíblia. V – F
2. Apenas professores de crianças devem empregar material auxiliar na aula, tais como quadro-negro, figuras e mapas. V – F
3. Projetos como a elaboração de um jornal estimulam os alunos a fazerem algo criativo com a verdade estudada e, desta maneira, promovem maior fixação da matéria. V – F
4. Brincar com jogos na Escola Dominical é perda de tempo. V – F
5. O aluno interessado aprende alguma coisa. V – F

Respostas: 1. V; 2. F; 3. V; 4. F; 5. V.

12

Dentro e fora da Sala de Aula

É hora de um jogo rápido. (Mas ninguém vai lhe atribuir uma nota!) A pergunta é: O que os professores fazem por suas classes, além de preparar esboços de aula para ensinar uma vez por semana?

Como você se saiu? Você pode mencionar pelo menos seis coisas? O ensino envolve muito mais do que uma hora da manhã de domingo; se você dá aulas, já descobriu isso. Este capítulo enfoca alguns outros aspectos do ministério de ensino.

Conhecendo Pessoalmente os Alunos

Não há outra forma de conhecer cada aluno senão pessoalmente. Ser um professor eficaz exige o conhecimento das necessidades, habilidades e interesses individuais, bem como o estabelecimento de relações com os alunos. Os seguintes passos o ajudarão a conhecer os adolescentes que fazem parte de sua classe.

Entrevistas. Sempre que novos alunos ingressarem em sua classe, entreviste cada um deles. Para que ninguém se sinta intimidado, comunique que você vai se reunir por cinco ou dez minutos com cada aluno novo, fazendo a todos as mesmas perguntas. Os melhores momentos para conversar são antes e depois da aula. Em vez de agendar os encontros, converse com um ou dois que chegam cedo e chame um voluntário para ficar depois da aula.

Durante a entrevista, descubra sobre a família do aluno, vida escolar e espiritual. Você até pode pedir sugestões para as aulas. Veja o questionário "Perguntas para a Entrevista Pessoal" de perguntas específicas.

Acabo ouvindo mais do que respostas às minhas perguntas. Os alunos, geralmente, revelam atitudes e informações sobre outras áreas de suas vidas. Às vezes, um aluno que não participa das discussões em aula conversa livremente quando estamos a sós. Priscila, por exemplo, dificilmente participava da aula. Mas, du-

Perguntas para a Entrevista Pessoal

Qual é a sua data de nascimento?

Quais os nomes de seus pais (e sobrenomes) e suas profissões? Você mora com seu pai e sua mãe? Se não, qual é a situação?

Quais os nomes e idades de seus irmãos e irmãs? Quais deles moram com você?

Em que escola você estuda? À que horas chega em casa?

Com que atividades, tais como esportes e clubes, você está comprometido na escola ou em outro lugar?

De que assuntos você mais gosta? E os de que menos gosta?

rante a entrevista, ela conversou quase sem parar por quinze minutos. Sandro expôs muitas inseguranças enquanto contava com detalhes sua história de vida.

Visitas aos Lares. O próximo passo para conhecer melhor os alunos consiste na visita aos lares. Para preparar os pais e evitar viagens infrutíferas, telefone marcando o encontro pelo menos uma semana antes, tendo certeza de que tanto os pais quanto o aluno estarão em casa.

Durante a visita, pergunte aos pais sobre seu trabalho e interesses, procurando conhecê-los melhor. Explique o que você faz na classe e como o filho deles corresponde. Em visitas posteriores, fale sobre o crescimento espiritual do adolescente — ou sobre a falta dele —, se os pais forem cristãos. Esta é uma boa oportuni-

Conte-me sobre sua conversão — quando, onde, circunstâncias. Quando e onde foi batizado? Quando tornou-se um membro da igreja?

Descreva seu relacionamento atual com Deus.

Com que freqüência você lê a Bíblia? Ora? Lê a revista do aluno e responde as perguntas? Memoriza o versículo da lição?

Você faz parte de algum programa da igreja e/ou grupo de mocidade?

Quais os pedidos pessoais que você apresenta em oração?

Que sugestões você tem para a nossa classe?

dade para averiguar a eficiência dos seus métodos de ensino em relação aos alunos e pais.

Embora você deva enfocar as qualidades positivas, às vezes, se faz necessário discutir sobre o problema. Quando Jane, por exemplo, entrou na classe, não participava da aula. Sua mãe explicou que ela não conversava com as pessoas até conhecê-las bem. Tinha medo de errar e, por causa disso, não falava nada. Como resultado, eu procurava as oportunidades para elogiar Jane e tentar envolvê-la em situações que não fossem intimidantes. Depois de aproximadamente um ano, ela se tornou uma das melhores participantes das discussões de classe.

Peça também aos pais qualquer informação útil que contribua para o ensino de seus filhos. Depois da explicação da mãe de Carla sobre os problemas com leitura da filha, entendi que não poderia embaraçá-la. Era melhor não pedir-lhe que lesse em voz alta ou explicasse um versículo após a leitura silenciosa.

Com freqüência, você vai descobrir as causas dos problemas através da observação da atmosfera do lar e da interação pais-filho. O ambiente confuso e de gritaria da casa de Sandro explicou sua indisposição em algumas manhãs de domingo.

Questionário "Vamos nos Conhecer melhor". Enquanto conversa com os pais durante a visita, peça aos alunos para responderem a um formulário "Vamos nos Conhecer melhor". Ou peça para que o preencham em outra oportunidade. Ele enfoca áreas como habilidades, "hobbies", relação com os pais e vida cristã. Através das respostas, você será capaz de combinar os interesses e capacidades do aluno com os projetos de aula. Quando precisar de cartazes, saberá quem gostaria de fazê-los. Quando a encenação de papéis fizer parte da aula, saberá quem estaria interessado em atuar.

As respostas às perguntas sobre vida cristã revelam áreas fracas, para as quais você pode dar ênfase e oferecer apoio bíblico nas lições apropriadas. Por exemplo: quando Luciana preencheu a ficha, admitiu que seu temperamento a incomodava muito. Várias garotas escreveram que sentiam estar desagradando a Deus com seu descaso pelo estudo bíblico, oração e obediência. Fui capaz de ligar essas necessidades, mediante a aplicação de um estudo bíblico a respeito do trabalho de Deus em nossas vidas.

Para fazer o questionário abaixo, imprima as perguntas em uma folha de papel carta (21,59cm x 27,94cm), reservando espaço para respostas.

Vamos nos Conhecer melhor

Nome:

Coloque um X depois das coisas que você gostaria de fazer: trabalhos artísticos ___, escrever ___, cartazes ___, atuar ___.

Que instrumento(s) você toca?

Quais são os seus "hobbies", coleções, interesses especiais e habilidades?

Que carreira você pensa em seguir?

Descreva resumidamente seus pais e o seu relacionamento com eles.

O que mais o preocupa em sua vida cristã?

Você acha que o modo como se veste e age na escola glorifica a Deus? Por quê?

Em sua opinião, quais as três coisas em sua vida que mais agradam a Deus?

Em sua opinião, quais as três coisas em sua vida que desagradam a Deus?

O que mais o aborrece?

Reuniões Sociais com a Classe. Uma outra forma de conhecer os alunos é através de reuniões sociais com a classe, de três em três meses. Os adolescentes gostam de piqueniques, passeios de bicicleta, jogos com bola, competições, e se deixar ficam a noite toda acordados. Peça a cada aluno para fazer uma lista de cinco atividades que gostaria de fazer. Isso vai render mais idéias do que tempo disponível.

Até mesmo um jantar em sua casa, brincadeiras de mesa ou um churrasco no parque proporcionam uma rica compreensão. Enquanto conversam e brincam juntos, observe a interação dos alunos uns com os outros. Por exemplo: Ana Queila, uma líder na classe, às vezes era ignorada em reuniões desse tipo. Em momentos como esses, ela partilhava comigo a sua dor. Como conseqüência, fui capaz de personalizar as lições para lidar com esse problema.

Levar os alunos para jantar em grupos de dois ou três é uma ação produtiva para conhecê-los melhor. Restaurantes de comida rápida e pizzarias não pesam tanto no orçamento e são os preferidos dos adolescentes. Os alunos compartilham seus problemas com mais facilidade quando estão em um grupo menor, e se sentem mais à vontade com um ou dois amigos juntos. Eles também têm a oportunidade para perguntar sobre você.

Quando converso com meus alunos nesse ambiente, sou capaz de identificar problemas ou progressos espirituais. Daiane contou-me sobre seu esforço em ter uma vida cristã na escola e me pediu ajuda específica e oração. A falta de interesse de Filipe nas coisas espirituais era evidente em suas palavras, mas imperceptível durante a aula.

Registro. Reserve algumas folhas de um caderno para cada aluno, objetivando o registro de todas as respostas das entrevistas e do questionário "Vamos nos Conhecer melhor", e também de outras observações notadas ao longo do ano. Os registros acabam formando um caderno de oração e uma fonte de informação que ajuda o professor a personalizar as lições.

A Administração da Classe

Embora os adolescentes não apresentem tantos problemas de disciplina como as crianças, você pode encontrar alguns, tais como conversas, brincadeira de "bobinho" com bolsas ou outros itens e um moderado comportamento irresponsável. A maioria desses problemas deveriam ser ignorados; atitudes assim são típicas da adolescência. Às vezes, porém, o comportamento foge ao controle; nestes casos, há várias soluções para eliminar a maior parte dos problemas.

Uma solução óbvia — muitas vezes negligenciada — é a oração específica pelos alunos, pela situação da classe e por sabedoria para enfrentar os problemas. Deus continua sendo maior do que qualquer problema de disciplina encontrado por você e deseja ajudá-lo nessas situações.

Outra saída importante consiste em envolver os alunos no estudo bíblico. Os adolescentes que são ordenados a se sentarem quietinhos durante uma longa aula expositiva vão providenciar o próprio divertimento e conseqüentes interrupções de aula. No entanto, alunos envolvidos no estudo estão interessados e ocupados demais para fazer interrupções.

Às vezes, a própria sala de aula apresenta problemas. Salas muito aquecidas ou frias, superlotação, paredes excessivamente adornadas ou pouco atraentes e desordem contribuem para os problemas de comportamento. Verifique sua sala de aula e tome providências para eliminar quaisquer dessas condições, caso estejam presentes.

Professores que constróem um relacionamento pessoal com cada adolescente reduzem a necessidade de disciplinar. Os adolescentes que conhecem e respeitam o seu professor têm menos probabilidade de perturbar a aula.

Penso ser muito útil o estabelecimento de algumas — enfatizo algumas — regras no início do ano. Uma delas requer que os alunos não compartilhem ou brinquem com objetos não usados em nossas atividades de estudo, tais como pentes ou fotos. Aqueles que desobedecerem, ficarão sem o objeto até a semana seguinte. No primeiro mês, publico avisos para que todos estejam cientes das regras. Tenho recolhido apenas alguns objetos e nunca duas vezes do mesmo aluno. Outra regra que temos na classe diz respeito às conversas excessivas sobre assuntos não relacionados com o tema da lição. Sempre haverá alguém conversando, mas ignoro comentários breves. Ocasionalmente, preciso dizer ao aluno que guarde a conversa para depois da aula. É importante lembrar que regras são inúteis se não forem colocadas em prática.

Se a conversa em excesso ou a bagunça persistirem e não puderem ser ignoradas, é melhor conversar com os transgressores. Faça-o reservadamente, para que não fiquem embaraçados diante da turma e percam seu respeito. Diga-lhes que você gosta de tê-los na classe, mas seu comportamento está interrompendo o estudo da Palavra de Deus. Peça sua colaboração, deixando claro — de um jeito afetuoso — que você não vai tolerar mau comportamento. Uso essa tática algumas vezes e, em todas elas, o pedido de colaboração resolve o problema.

Geralmente, o aluno que interrompe muito a aula está à procura de atenção. Nesse caso, dê-lhe uma atenção extra e responsabilidades, evitando, contudo, que ele e o resto da classe pensem que é o aluno favorito do professor.

Muitas vezes, uma visita pode esclarecer o porquê do mau comportamento em classe. Por exemplo: quando vi o caos na casa de Sandro, a gritaria constante de sua mãe e sua desaprovação em relação aos filhos, compreendi o comportamento irritadiço e briguento de Sandro. Então, fui capaz de lhe dar a atenção e o amor de que precisava.

Lembrete

Quando o aluno faltar à aula, é necessário telefonar ou enviar um bilhete, para que saiba que todos sentiram sua ausência e para estimulá-lo a retornar. Se não comparecer por várias semanas, uma visita manifesta maior interesse e proporciona a oportunidade de discutir as razões por trás das ausências.

Os alunos que freqüentam regularmente a Escola Dominical também gostam de atenção. Telefone ou escreva-lhes ocasionalmente. Faça-os saber que você está feliz por sua assiduidade e que conta com eles.

Embora os adolescentes normalmente recebam muitas ligações telefônicas, é raro receberem correspondência. Mantenha contato com todos, enviando bilhetes para demonstrar sua alegria por tê-los em sua classe, desejar feliz aniversário, cumprimentá-los pela ótima participação da aula, dizer que pensa neles, etc.

Mantendo os Pais Informados

Visando atrair colaboração para o ensino de adolescentes, os pais precisam ser informados sobre o que você ensina e sobre o que a classe está fazendo. Há muitas formas de se comunicar com os pais.

Visitas Periódicas aos Lares. Além de conhecer pessoalmente os alunos e sua família, as visitas periódicas aos lares são o momento excelente para manter os pais informados sobre os estudos e o crescimento espiritual de seus filhos. "Esse contato pessoal é muito importante para nós", disse uma mãe. "Não há melhor maneira de ser informado do que *pessoalmente.*"

Livreto para os Pais. Junto com as visitas aos lares dos meu alunos, uso um livreto que descreve o andamento do curso, atividades desenvolvidas durante a aula e as formas como os pais podem ajudar. O livreto de 14 x 21,5 centímetros, digitado ou xerocopiado, com capa em papel cartão, é fácil de fazer. Veja o exemplo "Livreto dos Pais".

Livreto dos Pais

(Capa)

Alguém sabe o que está acontecendo?

(Página 1)

Se vocês são como a maioria dos pais, as faces da capa os descrevem em relação ao que acontece com seus filhos nas aulas da Escola Dominical. Por essa razão, gostaria de apresentá-los à classe dos adolescentes.

Os adolescentes são um tipo encantador de pessoas — o meu preferido! São muito abertos, dispostos, solícitos e divertidos para se trabalhar. (Sim, acabei de descrever seu filho!) Por isso, gosto tanto de ensiná-los.

Por favor, reservem um tempo para ler todo o livreto. Ele vai informá-los sobre a matéria de nosso estudo, um pouco sobre o que fazemos em classe e de que forma vocês podem ajudar.

(Página 2)

O Estudo do Trimestre

Neste trimestre, estamos estudando os Dez Mandamentos, enfocando como as normas divinas se aplicam às nossas vidas hoje. Para o mundo, os mandamentos de Deus são antiquados e desnecessários. Entretanto, nossos adolescentes precisam ser advertidos de que as leis morais de Deus nunca mudam e são tão necessárias neste ano como foram quando Deus as entregou originalmente aos israelitas.

(Páginas 3 e 4)

Nosso Período de Aula

As atividades de classe variam a cada domingo. Em uma semana, podemos começar ouvindo uma canção, um diálogo em fita cassete ou ainda fazendo um jogo rápido de perguntas e respostas. Resolvemos problemas com lápis e papel. Sentamo-nos em círculos e fazemos debates ou nos dividimos em pequenos grupos de estudo.

Às vezes, trabalhamos em projetos prolongados, tais como jornais, móbiles, bandeiras ou agendas.

Diversifico meus métodos de ensino para manter os alunos interessados, mas uma coisa nunca muda. O propósito de nosso encontro é o de estudar a Bíblia; a Palavra de Deus é de suma importância. A variedade no ensino é apenas um auxílio para despertar o interesse dos alunos sobre a Bíblia.

Enfatizo a aplicação prática da verdade bíblica na vida diária. É importante que os alunos conheçam o que a Bíblia ensina, mas é vital que esse conhecimento mude sua conduta e atitudes.

(Páginas 5 e 6)

Vocês Podem Ajudar!

Preciso de *sua* ajuda para ensinar seu filho adolescente. Aqui estão algumas sugestões:

1. Cuidem para que seu filho esteja presente todos os domingos — e na hora certa. Se estiver doente ou fora da cidade, ficaria feliz se recebesse um telefonema. Dessa forma, posso me preparar melhor para a aula, adequando meus planos de aula, se necessário, ao número de adolescentes esperados.

2. Estimulem seu adolescente a fazer as atividades da revista e a aprender o versículo para memorizar durante a semana. Talvez uma verificação semanal seja necessária para levá-lo a esse hábito. A preparação antes das aulas permite que os alunos se familiarizem com os tópicos da lição e participem melhor da aula.

3. Discutam as lições com seu filho — antes e depois da aula. Não tenham medo de perguntar sobre o que ele está estudando. Se realizada regularmente, este tipo de discussão promoverá um aprendizado adicional.

4. Sejam um exemplo. Venham à igreja e à Escola Dominical com seus filhos. Temos classes para todas as idades, inclusive adultos.

5. Por fim, se souberem de alguma maneira de ajudar seu filho, por favor me diga. De igual forma, se notarem mudanças de atitude e comportamento como resultado do estudo bíblico na Escola Dominical, ficarei feliz em saber. Esse é o tipo de estímulo de que precisam os professores!

Quando trabalhamos juntos, podemos ajudar os adolescentes a crescer "na graça e no conhecimento de nosso Senhor e Salvador Jesus Cristo" (2 Pe 3.18).

(Página 7)

Se puder ajudá-los de alguma forma ou se tiverem dúvidas sobre a aula da Escola Dominical, por favor, não hesitem em me ligar.

Meu número de telefone é____________.

Sinceramente em Cristo,
(assinatura)

Nome da igreja
Endereço
Telefone

Cartas Trimestrais. Outra maneira de manter os pais informados é através de cartas formais. No começo do trimestre, tire cópias e mande uma carta, descrevendo o novo estudo do curso, alguns projetos especiais concluídos pelos alunos no trimestre anterior, atividades de aproximação e problemas gerais da classe. Veja "Carta aos Pais." Você pode acrescentar observações pessoais no final de algumas ou de todas as cartas.

Um pai disse-me: "As cartas nos mantêm informados sobre o que nossos filhos estão estudando e, dessa forma, podemos conversar sobre isso em casa. Eles raramente nos contam".

Carta aos Pais

(Data)

Queridos Pais:

O mês a seguir marca o início de um novo trimestre na Escola Dominical. Pelos próximos três meses, estaremos estudando sobre a batalha entre Deus e seu arquiinimigo Satanás. Investigaremos todas as artimanhas de Satanás, desde o momento em que se rebelou contra Deus e foi lançado para fora do céu até sua derrota final. Durante esse tempo, compararemos essas táticas com aquelas usadas hoje e descobriremos como aniquilá-las.

Neste mês, teremos o nosso churrasco anual e a foto da turma. Mais informações serão dadas em classe quando acertarmos a data.

Aguardo ansiosamente esse novo trimestre junto com seu adolescente.

Sinceramente em Cristo,
(assinatura)

Anuário de Classe. Um anuário de classe ganha popularidade instantânea. Tanto pais quanto alunos aguardam ansiosos para ver esse registro visual, que pode ser mostrado todas as vezes que receber visitas em casa. Inclua fotos de cada aluno da classe, reuniões sociais, projetos especiais, festas de aniversário e formatura, e atividades criativas desenvolvidas durante a aula. Os alunos podem organizar e classificar as fotos em um álbum de fotografias. Álbuns de páginas auto-adesivas são uma boa opção.

Os pais se mostraram bastante entusiasmados com os anuários de minhas classes. Uma mãe disse: "Gosto bastante de ver essas fotos. Fico feliz por ser capaz de compreender o que minha filha Rebeca fala".

Participação dos Pais na Aula. Uma vez por ano — ou mais — convide os pais para se juntarem à sua classe durante o período de aula. A observação *in loco* é a melhor forma de conhecerem o seu modo de conduzir a aula. Supera qualquer relatório que você possa lhes entregar. Avise antecipadamente os alunos de que seus pais foram convidados. Torne a ocasião especial: sirva refrescos e exponha os projetos feitos pela classe.

A Sala de Aula

As quatro paredes, chamadas por você de sala de aula, também podem ensinar, se refletirem a matéria da lição. Cartazes e figuras relacionadas à lição podem realçar ou até mesmo ampliar o tempo de aula. Algumas papelarias e livrarias vendem cartazes de conteúdo cristão. Você também pode fazer os próprios cartazes, um para cada semana do trimestre. Durante o nosso curso sobre métodos de estudos bíblicos, fiz um cartaz com a definição e as características de cada um e, depois de usá-lo na introdução, o deixei afixado.

O quadro de avisos também pode ensinar quando você o organiza com desenhos, artigos, fotos e cartazes relacionados com o assunto do trimestre. Um arquivo bem equipado é uma grande ajuda!

Se as paredes da sala forem de concreto, provavelmente não vão suportar por muito tempo objetos afixados com fita adesiva. A melhor solução encontrada por mim consiste em fixar placas de cortiça em uma ou duas paredes, na forma de uma linha horizontal, com a distância de aproximadamente 23 a 30 centímetros, com uma cola especial, que pode ser comprada em lojas de material de construção. As placas de cortiça ficam permanentemente fixadas no concreto e proporcionam muito espaço para auxílios visuais presos com grampos ou percevejos. Essas mesmas placas, quando colocadas em grupo, formam bons quadros de aviso, caso você ainda não tenha um.

Mantenha a sala limpa, livre-se de papéis acumulados e de materiais do curso. Se necessário, elabore um projeto com a classe para lavar ou pintar (com autorização do superintendente da Escola Dominical) as paredes e limpar o resto da sala. Caso os alunos tenham talentos artísticos, talvez queiram pintar um mural em uma das paredes, mas é necessário a permissão do superintendente. Faça o que puder com os recursos disponíveis a fim de tornar sua classe convidativa para os adolescentes.

Avaliação

1. O professor não consegue ser eficaz se não conhecer os alunos da classe individualmente. V – F
2. As visitas aos lares proporcionam informações valiosas sobre alunos, que não poderiam ser obtidas de outra forma. V – F
3. Os adolescentes raramente apresentam problemas de disciplina. V – F
4. Uma boa parte das conversas e da desatenção na aula pode ser ignorada, ao não ser quando começa a trazer problemas. V – F
5. As aulas expositivas previnem problemas de disciplina. V – F
6. É bom estabelecer algumas regras para a classe e colocá-las em prática. V – F
7. Alunos que freqüentam regularmente a Escola Dominical gostam de receber telefonemas e cartas tanto quanto os ausentes. V – F
8. Os pais geralmente sabem o que é ensinado aos seus adolescentes na Escola Dominical, mesmo quando você não lhes conta. V – F
9. A sala de aula, por si só, é uma professora considerável. V – F

Respostas: 1. V; 2. V; 3. F; 4. V; 5. F; 6. V; 7. V; 8. F; 9. V.

Apêndice

Para a utilização deste livro em treinamento de professores ou estudo individual, esta parte contém os seguintes itens auxiliares de estudo:

Reflita: No caso de um estudo em grupo, discuta as perguntas com os participantes. Ou escreva as respostas e as compare com as de outro professor de adolescentes.

Estude: Estas sugestões vão orientá-lo a aumentar seu conhecimento sobre adolescentes e técnicas de ensino através da pesquisa e da observação.

Ponha em prática: Estes projetos vão ajudá-lo a praticar o que aprendeu. Esteja preparado para relatar os resultados no curso de treinamento.

Capítulo 1: Bem-vindo ao Mundo deles

Reflita

1. Reveja a lista de itens no início do capítulo. Em sua opinião, qual o item que descreve melhor um adolescente? Por quê?
2. Pense em seus alunos adolescentes. Que pressões e problemas, você teve em comum com os adolescentes de hoje? Em que aspectos as influências culturais eram diferentes?

Estude

1. Consulte uma enciclopédia e leia sobre a adolescência. Leia também o(s) capítulo(s) introdutório(s) de um livro de psicologia sobre adolescentes.
2. Dê uma olhada em várias revistas voltadas para adolescentes, procurando conhecer os assuntos e propagandas.

Ponha em prática

Extraia cópias das perguntas abaixo (ou elabore outras) e peça para que seus alunos as respondam anonimamente, com a finalidade de conhecer melhor os alunos e as pressões com as quais tentam lutar.

1. Se tivesse de apresentar as evidências da criação do homem por Deus e refutar a evolução, como você se sairia?
   ( ) muito bem ( ) regular ( ) mal
2. Quando você tem um problema, geralmente a quem pede ajuda?
   ( ) amigo ( ) professor ( ) pais ( ) pastor
3. Recebeu um conselho proveitoso quando pediu ajuda?
   ( ) sim ( ) não o suficiente ( ) não
4. Com que freqüência você assiste aos programas de televisão?
   ( ) 1 ou 2 horas por dia ( ) 3 ou 4 horas por dia
   ( ) 5 ou 6 horas por dia ( ) mais

5. Quais são os seus três programas de TV preferidos?
6. Qual a estação de rádio que você mais ouve?
7. Que revistas você lê?
8. Que tipos de diversão você mais gosta?
9. Que esportes pratica?
10. Qual a coisa mais interessante que você gosta de fazer nas horas livres?

Capítulo 2: Desenvolvimento Físico

Reflita

Qual foi o pior aspecto da puberdade para você? Por quê? Qual foi a melhor parte? Por quê?

Estude

Depois de tudo o que você observou e ouviu, avalie em que ponto seus adolescentes se encontram em relação ao desenvolvimento físico.

Ponha em prática

1. Decida qual de seus alunos seria capaz de encorajar a classe em relação ao desenvolvimento físico e como você os encorajaria.
2. Avalie que tipo de postura você tem em relação ao próprio corpo. Que mudanças precisa fazer? Vai seguir quais passos para melhorar?
3. Avalie o grau de envolvimento e de oportunidades que seus alunos tiveram para participar da aula no mês passado. Que mudanças você precisa fazer?
4. Se em sua igreja não há divisão de classes entre meninos e meninas, reúna-se com o superintendente e outros professores para discutirem como implantar a mudança e não desanime.

Capítulo 3: Desenvolvimento Intelectual

Reflita

1. Como você pode estimular os alunos a usarem sua nova capacidade de pensar?
2. Quais as formas de responder aos alunos que gostam de argumentar?
3. Cite algumas proibições e permissões do cristianismo que prevalecem em sua igreja. Quais os princípios bíblicos e critérios que você pode ensinar aos adolescentes para ajudá-los a desenvolverem suas próprias convicções nessas áreas?

Estude

1. Leia a respeito dos estágios do desenvolvimento cognitivo de Piaget em um livro de pedagogia, concentrando-se nos dois últimos, operações concretas e operações formais.
2. Reveja os seus quatro últimos esboços de suas aulas, para avaliar o quanto você envolveu os alunos e os desafiou a usar a nova capacidade de pensar.
3. Leia *Hide and Seek* (Esconde-esconde), de James Dobson.

Ponha em prática

1. Anote um ponto forte de cada aluno, no mínimo, e uma maneira de ajudá-lo(a) a desenvolver ainda mais tal capacidade. Depois, siga anotando mais pontos fortes e formas de ajudar.
2. Planeje vários meios de levantar a auto-estima de seus alunos.

Capítulo 4: Desenvolvimento Emocional

Reflita

1. Que tipos de problemas emocionais você enfrentou na adolescência? Como você os compara com os problemas de seus alunos?

2. Quais os temores dos adolescentes? Por quê? Em que diferem dos medos que você teve quando tinha a mesma idade deles?
3. Como você pode instruir os adolescentes a construírem sua fé sobre o ensino da Bíblia e não sobre emoções?

Estude

Observe um grupo de adolescentes por cerca de uma hora, e faça um gráfico de suas emoções com altos e baixos.

Ponha em prática

1. Faça cópias das afirmações do item intitulado "Falta de Auto-estima" e peça para que os alunos as preencham.
2. Pergunte aos alunos quais são os seus medos. Encontre formas de ajudá-los a superarem esses temores.

Capítulo 5: Desenvolvimento Social

Reflita

1. Como você pode ajudar os alunos e seus pais em relação ao esforço dos adolescentes em adquirir mais independência?
2. Como você pode ajudar cada aluno a sentir que é parte importante do grupo?
3. Você acha que os adolescentes deveriam ser desencorajados a se vestirem, conversarem, etc., como os amigos? Por quê?

Estude

1. Descubra quais os atuais heróis os alunos admiram.
2. Observe os adolescentes da igreja. Quem conversa com quem? Quem se assenta junto nos trabalhos da igreja?

Ponha em prática

1. Faça um quadro dos grupos de amigos de sua classe. Encontre maneiras de montar pequenos grupos de estudo para

enfraquecer as "panelinhas", sem separar ninguém de todos os amigos próximos.

2. Avalie o seu exemplo para os alunos. O que aprenderiam sobre o cristianismo se o observassem por uma semana? Que mudanças você precisa fazer? Relacione as atitudes que vai tomar nas próximas semanas a fim de se tornar um modelo melhor.

Capítulo 6: Desenvolvimento Moral

Reflita

1. Como você pode ajudar os adolescentes a relacionarem as verdades bíblicas com os problemas que enfrentam?
2. Você concorda com a frase: "Quem nunca teve, duvidou; jamais creu de verdade"? Por quê?
3. Que dúvidas você tinha sobre Deus, a Bíblia e o cristianismo? Como você as solucionou?
4. Que coisas específicas você pode fazer e dizer para estimular os adolescentes a tomarem decisões espirituais, sem manipulá-los ou brincar com suas emoções?

Estude

1. Veja alguns programas de TV e ouça algumas músicas apreciadas pelos alunos, para estabelecer que tipo de valores os influenciam.
2. Leia um ou dois livros sobre apologética, a fim de estar preparado para responder as perguntas e dúvidas de seus alunos sobre o cristianismo.

Ponha em prática

1. Encontre formas para que os adolescentes tomem parte dos trabalhos da igreja e os encaminhe para essas oportunidades.

2. Planeje meios de ajudar os alunos a compreenderem o valor do estudo bíblico pessoal e a memorização dos versículos bíblicos.

Capítulo 7: Você, o Professor

Reflita

1. Qual o professor mais marcante em sua vida, positiva ou negativamente? Diga ou cite três razões por que você se lembrou dele ou dela como notável. Ele era professor da Escola Dominical?
2. Como a vida espiritual do professor afeta o seu magistério?
3. Quais as oportunidades disponíveis para que você aumente seu conhecimento bíblico e desenvolva sua habilidade de ensinar?
4. De que modos específicos você pode demonstrar amor pelos adolescentes?

Estude

Leia a respeito de prática de comunicação e/ou aconselhamento e especialmente sobre a capacidade de ser um bom ouvinte.

Ponha em prática

1. Reveja os requisitos para a identificação do dom de ensinar. Avalie-se usando esses requisitos e consulte outras pessoas, inclusive.
2. Avalie sua preparação pessoal como professor. Identifique as áreas que podem ser melhoradas e o modo como fazê-lo.
3. Relacione meios específicos de dizer coisas boas aos alunos nas próximas semanas.

Capítulo 8: Princípios do Ensino e do Aprendizado

Reflita

1. Quando você leu as duas situações de aula diferentes no início do capítulo, que classe imaginou que estaria aprendendo mais? Por quê? De que maneira o capítulo mudou ou confirmou suas idéias?
2. Defina ensino e aprendizado com suas palavras.
3. Como o professor pode colaborar e depender do Espírito Santo enquanto prepara a lição e ensina?

Estude

1. Leia 1 Coríntios 2.1—4.5. Especifique a parte de Deus e a nossa parte como servos do Senhor.
2. Usando uma concordância, estude o que o Novo Testamento diz sobre a operação do Espírito em nossas vidas, relatando o que você descobriu ao obreiro responsável pelo ensino.

Ponha em prática

Reveja os seus últimos três ou quatro planos de aula. Eles se enquadram nos oito princípios de ensino do capítulo? Que áreas você precisa aperfeiçoar? Defina uma área e faça uma lista de atitudes a tomar nas próximas semanas.

Capítulo 9: A Preparação da Lição

Reflita

1. Escolha uma lição na revista do professor. Que adaptações você precisa fazer a fim de satisfazer as necessidades de seus alunos?
2. Como a avaliação pode ser uma palavra bem-vinda?

Estude

1. Visite uma livraria evangélica, a biblioteca de sua igreja ou de seu pastor para procurar livros de consulta.
2. Defina a literatura de apoio que você gostaria de possuir para começar sua biblioteca pessoal ou para acrescentar à sua coleção de livros de estudo.

Ponha em prática

1. Comece a fazer um arquivo do professor, com as orientações do capítulo.
2. Estude a passagem bíblica da próxima lição, seguindo os passos contidos no item "Procedimento".
3. Prepare seu próximo esboço da lição conforme as diretrizes do item "O Esboço da Lição".
4. Faça o teste de auto-avaliação do capítulo.

Capítulo 10: Métodos de Ensino

Reflita

1. Que fatores você levaria em consideração para saber se os métodos trazidos na revista do professor são adequados para os seus alunos?
2. Escolha uma lição na revista do professor e decida se os métodos sugeridos são apropriados para a sua classe. Em caso negativo, que mudanças você precisa fazer?
3. Que respostas específicas você pode dar ao aluno quando ele responde uma pergunta incorretamente?

Estude

Observe outros professores usando alguns dos métodos descritos no capítulo.

Ponha em prática

1. Pratique a elaboração de boas perguntas, conforme as orientações do capítulo.
2. Coloque em prática os métodos do capítulo sempre que sugeridos pela revista do professor ou quando forem adequados para suas metas e a matéria.

Capítulo 11: Auxílios para Aperfeiçoar o Ensino

Reflita

1. Leia Marcos 6.30-44. Que tipo de auxílios visuais você poderia usar para ensinar sobre essa passagem? Como a elaboração de um noticiário ou uma entrevista poderiam ajudar os alunos a aprenderem mais a respeito dessa passagem?
2. Como você poderia envolver os alunos na preparação e no emprego de transparências no retroprojetor?

Estude

1. Analise o jornal de domingo. Faça uma lista de todos os itens que poderiam ser usados em um jornal da Bíblia.
2. Assista a vários programas de jogos da TV e veja quais podem ser adaptados para as revisões na Escola Dominical e como fazê-lo.
3. Dê uma olhada nas lojas que vendem jogos. Escolha alguns que podem ser adaptados para a revisão da matéria bíblica e sua aplicação.

Ponha em prática

1. Planeje um jogo de revisão para o final do próximo estudo do trimestre.
2. Use vários audiovisuais novos em suas próximas aulas.

Capítulo 12: Dentro e fora da Sala de Aula

Reflita

1. O que você quer saber sobre seus alunos a fim de ensiná-los com mais eficácia?
2. Quais os problemas de disciplina que você encontra em seus adolescentes? Como você lida com eles? Como melhorar a administração da sala de aula?

Estude

1. Analise sua sala de aula cuidadosamente; depois, faça uma relação de tudo o que precisa ser feito para melhorá-la. Vá em frente e não desista.
2. Visite várias papelarias e livrarias. Dê uma olhada nos cartazes que podem ser usados por você na aula.

Ponha em prática

1. Use o questionário "Vamos nos Conhecer melhor" para a entrevista pessoal, visando conhecer melhor seus alunos.
2. Agende visitas às casas de cada aluno.
3. Comece a fazer o anuário.
4. Programe uma reunião social.
5. Nas próximas semanas, mande um bilhete para todos os alunos de sua classe.

Bibliografia

BARNES, Jonathan. *The Complete Works of Aristotle* (Obras Completas de Aristóteles). vol. 2, Princeton, NJ: Princeton University Press, 1984.

BUTLER, Trent. "To Doubt is to Learn" (Ter Dúvidas É Aprender). *Youth Leadership*. Abril-Junho, 1985, pp. 20,21.

CARROLL, Lewis. *Alice's Adventures in Wonderland* (Alice no País das Maravilhas). Garden City, NY: Children's Classics, n.d.

DOBSON, James. *Hide and Seek* (Esconde-esconde). Ed. rev. Old Tappan, NJ: Fleming H. Revell, 1974.

DOAN, Eleanor L. *431 Quotes from the Notes of Henrietta C. Mears* (431 Citações dos Apontamentos de Henrietta C. Mears). Glendale, CA: Regal Books, 1970.

ELDER, Carl A. *Youth and Values: Getting Self Together* (Juventude e Valores: Entrando em Acordo). Nashville: Broadman Press, 1978.

FISCHER, Kurt. W. e LAZERSON, Arlyne. *Human Development* (O Desenvolvimento Humano). Nova York; W. H. Freeman and Company, 1984

FRAME, Randy. "Child Abuse: The Church's Best Kept Secret?", *Christianity Today* ("Abuso de Criança: o Segredo mais bem Guardado da Igreja?"). 15 de fevereiro, 1985, pp. 32-34.

PIAGET, Jean e INHELDER, B. *The Growth of Logical Thinking* (A Evolução do Pensamento Lógico). Nova York: Basic Books, 1958.

LASCH, Christopher. *The Culture of Narcissism* (A Cultura do Narcisismo). Nova York: W. W. Norton & Company, Inc., 1979.

MCCASLAND, Dave. *From Swamp to Solid Ground* (Do Pântano à Terra Firme). Wheaton, IL: Victor Books, 1980.

NAISBITT, John. *Megatrends* (Grandes Tendências). Nova York: Warner Books, 1984.

PIPPERT, Rebecca Manley. *Out of the Salt-Shaker & into the World* (Fora do Saleiro e dentro do Mundo). Downers Grove, IL: InterVarsity Press, 1979.

RICE, Wayne. *Junior High Ministry* (Trabalhando com Adolescentes). Grand Rapids, MI: Zondervan Publishing House, 1978.

Search Institute (Instituto de Pesquisas). *Young Adolescents and their Parents* (Jovens Adolescentes e seus Pais). Sumário de Resultados, Mineápolis, MS: Search Institute, 1984.

"The Unheard Cry" (O Grito não Ouvido), *Sucess* (Sucesso).

TOFLER, Alvin. *Future Shock* (O Choque do Futuro). Nova York: Random House, 1970.

TOWNS, Elmer L. *Successful Biblical Youth Work* (Trabalho Bíblico e Bem-sucedido com a Juventude). Nashville: Impact Books, 1973.

"When Family Will Have a New Definition" (Quando a Família Tiver uma Nova Definição), *U.S. News and World Report.* 9 de maio, 1983, pp. A3,A4.